O GRITO DE EVA

O GRITO DE EVA

A violência doméstica em lares cristãos

Marília de Camargo César

THOMAS NELSON
BRASIL

Copyright © 2021 por Marília de Camargo César
Todos os direitos reservados por Vida Melhor Editora LTDA.

As citações bíblicas são da *Nova Versão Internacional* (NVI), da Bíblica, Inc., a menos que seja especificada outra versão da Bíblia Sagrada.

Os pontos de vista desta obra são de responsabilidade de seus autores e colaboradores diretos, não refletindo necessariamente a posição da Thomas Nelson Brasil, da HarperCollins Christian Publishing ou de sua equipe editorial.

Publisher	*Samuel Coto*
Editora	*Brunna Castanheira Prado*
Estagiárias	*Beatriz Lopes e Lais Chagas*
Preparação	*Daniela Vilarinho*
Revisão	*Lais Chagas e Eliana Moura Mattos*
Diagramação	*Sonia Peticov*
Capa	*Lucimara Balzi*

Dados Internacionais de Catalogação na Publicação (CIP)
(BENITEZ CATALOGAÇÃO ASS. EDITORIAL, MS, BRASIL)

C415g
    César, Marília de Camargo
      O grito de Eva: a violência doméstica em lares cristãos / Marília de Camargo César. — 1.ed. — Rio de Janeiro: Thomas Nelson Brasil, 2021.
      208 p.; 13,5 x 20,8 cm.

      ISBN 978-65-56892-24-5

    1. Livro-reportagem. 2. Submissão. 3. Vida cristã. 4. Vida conjugal. 5. Violência doméstica. I. Título.

05-2021/03   CDD: 248.844

Índice para catálogo sistemático:
1. Vida conjugal: Guias para casais: Cristianismo 248.844

Bibliotecária responsável: Aline Graziele Benitez CRB-1/3129

Thomas Nelson Brasil é uma marca licenciada à Vida Melhor Editora LTDA.
Todos os direitos reservados à Vida Melhor Editora LTDA.
Rua da Quitanda, 86, sala 218 — Centro
Rio de Janeiro — RJ — CEP 20091-005
Tel.: (21) 3175-1030
www.thomasnelson.com.br

Para Celene, amiga e irmã

SUMÁRIO

Apresentação	11
Prefácio	15
Introdução	19
1. Regina, professora	29
2. Marta, educadora	39
3. Por que elas ficam?	49
4. Marina, bancária	59
5. Selma, engenheira	73
6. Joguem a boia	83
7. Caro pastor Joel	93
8. Leituras progressistas	111
9. Mara, bispa evangélica	125
10. Pastor, eu não quero mais apanhar	129
11. Desenterrem os talentos	143
12. Homens possíveis, homens de Deus	155
13. Naomi, publicitária	169
14. Rebeca, administradora de empresas	181
15. Venha o teu Reino	193
Agradecimentos	205

Quando me sento para escrever um livro, não digo para mim mesmo "Vou produzir uma obra-prima". Escrevo porque existe alguma mentira que desejo expor, algum fato para o qual desejo chamar atenção, e minha preocupação inicial é apenas conseguir ser ouvido.

GEORGE ORWELL, *Why I write*

Nada é mais eficaz em aprisionar uma pessoa que a religião, e nada na religião contribuiu mais para manipular e destruir pessoas que os ensinos equivocados a respeito da submissão.

RICHARD FOSTER, *Celebração da disciplina*[1]

[...] e o teu desejo será para o teu marido, e ele te dominará.

GÊNESIS 3:16 (ARC)

---

[1]Richard Foster, *Celebração da disciplina*: o caminho do crescimento espiritual. Editora Vida, 2007, p. 161.

APRESENTAÇÃO

Por Valéria Vilhena

Ao iniciar a leitura do livro que agora você tem em mãos, constatei seu principal propósito: chamar a atenção das lideranças de igrejas evangélicas brasileiras para um fenômeno social gravíssimo — o da violência contra as mulheres. Esta obra se soma a outros tantos esforços, infelizmente ainda longe de serem suficientes, no enfrentamento desse problema.

Nossa cultura patriarcal, racista e socialmente desigual definiu, ao longo do tempo, o que é a violência, ao mesmo tempo que aceita, convive e até naturaliza certas formas que esta assume, como aquela praticada contra mulheres. No Brasil, uma mulher é estuprada a cada onze minutos; cinco mulheres são espancadas a cada dois minutos; um feminicídio ocorre a cada duas horas; 503 mulheres são agredidas a cada hora. A contradição de uma sociedade que se declara 87% cristã, ao mesmo tempo que ocupa o 5º lugar no ranking mundial dos países mais violentos contra as mulheres, não pode mais ser aceita.

Na condição de pesquisadora do tema, fui entrevistada por Marília, para a composição deste livro. Sou também cristã evangélica, de tradição pentecostal e, em muitos momentos desta instigante leitura, pude me identificar com as histórias de vida relatadas. Na minha adolescência e em parte da minha juventude, dentro da igreja Assembleia de Deus e, depois, da Igreja

Presbiteriana do Brasil, eu desconhecia os graus de agressão que muitas mulheres sofriam na cultura cristã. Aliás, por muito tempo não tive nem mesmo consciência de que essas violências aconteciam. Eu nasci, cresci, aprendi e apreendi pelas pregações, nos aconselhamentos, nas doutrinas, escolas bíblicas, nos usos e costumes, na teologia e, sobretudo, na reafirmação de todos esses ensinamentos na família os níveis suportáveis de violência contra nós, mulheres, de tal forma que ela deixava de se caracterizar como tal. Neste livro, Marília nos desafia a pensar que, se a igreja faz parte do problema, ela pode também ser parte das soluções.

A triste e terrível estatística brasileira nos alerta a não desistir da luta: é preciso que o tema adentre nossas igrejas e faça morada nelas, a fim de que alcance as estruturas causais dessa condição — e esta obra traz uma contribuição fundamental nesse sentido. Nela, a autora traça um panorama de posicionamentos, ações e teologias sob enriquecida base de pesquisa, mas cuja linha condutora é o relato — as vozes, os gritos — de várias Evas.

O primeiro grito vem da professora Regina. Interessante pensar que professoras também podem gritar, e que esse fenômeno social, a violência, é "democrático", perpassando todos os setores da nossa sociedade e todas as camadas sociais, mas que, sem dúvidas, é racializado. Regina foi ouvida. Anunciou que só queria se livrar da indiferença, da perversidade do marido agressor. Conseguiu. Resgatou sua própria vida e pôde de fato vivenciá-la. Marta, outra profissional da educação, também grita. Após tantos anos de sofrimento, um dia

APRESENTAÇÃO 13

encontra-se consigo mesma e adquire forças para dar fim a seu martírio desnecessário.

Marina, violentada, perdida, sem se sentir pertencente a um lugar social, um dia vislumbra a possibilidade de mudança. Vê o que para ela era a chegada de um milagre, a libertação do relacionamento abusivo. Selma teve sua infância violada. Mara, a bispa evangélica, denuncia a maneira punitiva pela qual mulheres em situação de abuso são expostas e duplamente violadas. Naomi, publicitária, demonstra como o apoio familiar e a busca por ajuda profissional colaboraram para que ela pudesse se fortalecer em suas decisões.

Com esse fio condutor, os gritos de Eva, a obra transgride, no sentido de que apresenta diferentes caminhos para encorajar lideranças cristãs a ousar romper com o que historicamente tem sido reproduzido como "ordem divina" e a questionar: por que os homens resistem às mudanças? Por que as mulheres suportam? Por que as igrejas, em sua maioria dirigidas por homens, não têm interesse em mudar esse quadro devastador para mulheres e também para filhos e filhas, que frequentemente dão continuidade ao ciclo de violências?

Talvez porque o reconhecimento do problema faz com que seja necessário rever e descolonizar as teologias, e consequentemente as pregações, os aconselhamentos e, sobretudo, as práticas dentro de casa, na igreja, na escola, no trabalho, no supermercado, na padaria, entre os amigos, entre os irmãos. Enfrentar as violências contra as mulheres requer mudanças dos homens, das mulheres, das crenças, da educação dos filhos e filhas, ou seja, é um esforço que atravessa toda a sociedade.

Aqui está *O grito de Eva*: leia, surpreenda-se, encante-se e aproveite para mudar. Mudar valores e perspectivas, ser igreja que é luz e sal, que evita a decomposição da vida, que não deixa a "candeia embaixo da vasilha", ficando a casa às escuras. Igreja que é luz!

As filhas de Eva finalmente se irresignaram. Aleluia! Elas contam, celebram, lamentam, choram. Elas gritam. Ouçamos!

PREFÁCIO

Por Daniela Grelin

É possível conciliar a jornada espiritual, como pessoas de fé, com o desejo de contribuir para uma sociedade livre da violência contra mulheres e meninas? Milhões de mulheres brasileiras veem-se diante desse desafio aparentemente paradoxal. Não deveria ser assim. Afinal, o espaço do ativismo secular voltado para o fim da violência contra mulheres e meninas tem raízes em temas centrais da tradição cristã: a ênfase no amor ao próximo, na unidade de todos em Cristo e na dignidade da vida humana, criada à imagem e semelhança de Deus. Não são correntes antagônicas (ou pelo menos não deveriam ser), mas, antes, vertentes do mesmo manancial.

O grito de Eva nos chama ao exercício de uma espiritualidade cristã corajosa na busca da justiça para mulheres e meninas. Intercalando ensinamentos do cânon sagrado, comentários de influentes teólogos contemporâneos e narrativas pessoais que revelam o impacto real da aplicação violenta de interpretações equivocadas das escrituras, a autora nos conduz a uma reflexão necessária e indelegável. Aplicando à maestria sua experiência jornalística a serviço da denúncia de abusos cometidos em nome de Deus, Marília César torna-se uma importante voz no valoroso exercício da elucidação da verdade a serviço da justiça, da liberdade e da espiritualidade cidadã.

Sabemos que a violência contra mulheres e meninas se perpetua na invisibilidade e no silêncio. Logo, qualquer pessoa que se proponha a compreender essa questão instigante deve começar por uma prática acessível a cada um de nós: a escuta humanizada. Estamos diante, leitoras e leitores, de uma obra que nos convida a escutar, sem julgamento, a história de mulheres que experimentaram sua dignidade violada, seus sonhos destruídos, sua liberdade cerceada. Sua própria existência, enfim, ameaçada. Tudo isso em nome de Deus. Ao escutá-las, nos defrontamos com algumas questões morais centrais: o zelo pela dignidade de todas as pessoas, a busca da justiça para cada vida humana, qualquer que seja sua cor, classe social, crença ou gênero. Antes de ser uma questão político-partidária, esse é o território dos princípios morais, ou seja, da consciência coletiva acerca de um valor fundamental. Para aqueles que têm fé, as questões de consciência nunca estão longe dos preceitos da fé, pois é por meio da consciência, ou seja, da elaboração e organização de pensamentos, que se coloca a fé em ação, e é nas comunidades de fé que se desenvolve a prática de uma moralidade compartilhada com sérias consequências para a vida de todos nós.

A primeira parte de *O grito de Eva* resgata as bases dos ensinos literalistas e equivocados que constituem as raízes ideológicas da violência contra a mulher em nome de Deus. Essa violência é então contextualizada em nosso país em toda a sua hediondez, refletida em números alarmantes e histórias tão impactantes quanto próximas.

Tais histórias, intercaladas com reflexões de teólogos eminentes, experiências de organizações sociais e

PREFÁCIO 17

iniciativas eclesiásticas dedicadas ao tema, nos convidam a abandonar a complacência e a tratar do tema com destemor, lucidez e determinação nos espaços em que ele é mais necessário: famílias, congregações, círculos teológicos, aconselhamentos pastorais, pois não existe forma mais perversa e eficiente de sabotar uma vida humana se não começando por fazer desacreditar a própria noção da dignidade da vida humana, com base no sagrado. O ensino de conceitos deturpados de submissão, tão entranhado nas comunidades de fé, é uma forma de minar as *fontes da vida*,[1] legitimando e naturalizando a prática de diferentes formas de violência. Uma das formas mais comuns de abdicação de direitos, pelas mulheres, é a crença de que eles não existem. Apurando interpretações fundamentalistas de textos bíblicos que desconsideram usos e costumes de época, bem como sua relação com princípios centrais da fé cristã, Marília César desafia tais noções, expondo as falhas de princípios hermenêuticos nocivos e seu uso como desculpa para a subjugação e a violência contra a mulher. Sua narrativa é um exercício de coragem que vai à raiz do tema, resgatando-o. Em todo o mundo, em diferentes denominações e contextos, as mulheres estão reivindicando sua dignidade como membros da família humana e da família de Cristo.

Ao lançar uma nova luz sobre esse tema milenar, *O grito de Eva* nos convida à libertação,[2] a partir da

---

[1]"Sobre tudo o que se deve guardar, *guarda o teu coração*, porque dele procedem as **fontes da vida**." Provérbios 4:23.
[2]"Conhecereis a verdade, e a verdade vos libertará". João 8:32.

verdade,[3] como sugerem as palavras de João. Verdade compreendida com uma experiência relacional com o próprio Cristo, uma consciência que nos instiga a reconhecer e transcender o aprisionamento e a descobrir, por meio dos elos que nos unem, a fidelidade à própria fonte de todo amor. Traz ainda um mapeamento de pensadores, referências e iniciativas na tradição cristã, para inspirar e conectar as pessoas dispostas a promover uma expansão de consciência sobre o papel da igreja nessa transformação social necessária, de dentro para fora. Só assim poderemos experimentar todo o efeito redentor do evangelho, de forma que ele seja, não só na sentido original da palavra, mas na experiência pessoal e comunitária, uma fonte viva e perene de boas novas.

---

[3]"Eu sou o caminho, a verdade e a vida". João 14:6.

INTRODUÇÃO

O brilho da mente humana já desvendou mistérios tremendos na terra, nos céus e no mar. Foi capaz de construir poderosos telescópios, que tornaram visíveis elementos antes invisíveis, átomos, micro-organismos, exoplanetas. No fundo do oceano, instalou um túnel e fez correr um trem hiperveloz, ligando Inglaterra e França. De um centro espacial no Estado da Flórida, nos Estados Unidos, lançou um foguete para explorar a cratera Jezero, em Marte. A duzentos metros abaixo do solo, alojou um laboratório de pesquisa, onde um acelerador de partículas descobriu o bóson de Higgs, a "partícula de Deus".

A luz que ilumina a humanidade expandiu o conhecimento a respeito do Universo, maravilhando leigos e doutores, atestando a engenhosidade e a inventividade do homem nos variados campos da ciência.

Do lado de cá do telescópio, entretanto, algumas coisas não avançam.

Em pelo menos um aspecto da vida, o ser humano permanece estagnado há milhares de anos: a percepção que nutre o respeito às mulheres.

Uma das provas disso é um estudo feito pela Organização das Nações Unidas,[1] de 2020, o qual revelou que

---

[1] Índice de Normas Sociais e de Gênero (GSNI).

90% da população global mantém uma visão negativa das mulheres na política, no mercado de trabalho e na família. Segundo os pesquisadores, que analisaram dados de 75 países, cobrindo mais de 80% da população mundial, o indicador sinaliza um forte obstáculo para os avanços femininos na luta contra as injustiças sociais baseadas em gênero.

Os dados vão além e mostram que quase metade dos entrevistados acredita que os homens são líderes políticos superiores, mais de 40% acham que eles são melhores executivos nas empresas e 28% pensam que muitas vezes é justificável que o marido bata em sua esposa.[2]

Esse preconceito já havia sido atestado num experimento realizado na Universidade Yale, nos Estados Unidos, em 2012. Dois doutorandos em Ciências, Jennifer e John, concorriam a uma vaga de supervisor de laboratório da universidade. Seus currículos foram analisados por 127 catedráticos de universidades públicas e privadas, a pedido de Yale. O currículo de John teve um ponto a mais que o de Jennifer, numa escala de 1 a 10. Além disso, o salário sugerido pelos professores para John foi de 30.328 dólares anuais, enquanto o de Jennifer foi de 26.508 dólares.

O problema é que John e Jennifer não existem. Os currículos enviados eram absolutamente idênticos, mas foi dito aos catedráticos que um candidato se chamava John e, o outro, Jennifer. Como escreve a jornalista espanhola Rosa Montero, "numerosos experimentos

---

[2]Disponível em: https://bit.ly/3f8321Q. Acesso em: 04 jul. 2020.

INTRODUÇÃO   21

demonstram que a sociedade continua a estimular, priorizar e valorizar muito mais o homem que a mulher, e nós, sem perceber, tomamos parte desse mesmo desdém discriminatório".[3]

A julgar por dados tão contundentes, não parece certo atribuir à Igreja de Cristo a exclusividade por difundir, ao longo dos séculos, uma cultura que sustenta a tese da superioridade ontológica do homem em relação à mulher. Pelo que sinalizam o relatório da Organização das Nações Unidas (ONU) e a pesquisa de Yale, o planeta Terra, como um todo, é em boa parte composto por pessoas misóginas.

Seguro, no entanto, é afirmar que a Igreja Cristã reforça a ideia de que existe uma hierarquia de gênero a ser respeitada nas relações humanas e que, nessa divisão, às mulheres cabe o segundo lugar.

Trata-se de uma visão que a teologia denomina "complementarista", isto é, que defende que o padrão bíblico determina a liderança masculina. Essa corrente se contrapõe à chamada "igualitarista", que acredita que a autoridade não é definida por gênero, mas por talentos, qualificações e capacitação do Espírito Santo. Os igualitários também ensinam que a Bíblia convoca todos os cristãos a se submeterem uns aos outros, dando exemplo de humildade e de disposição para servir.[4]

Quase todas as passagens bíblicas que apoiam a interpretação complementarista são de autoria do apóstolo

---

[3]Rosa Montero, *Nós, mulheres: grandes vidas femininas*. Todavia, 2020, p. 13.
[4]Sarah Bessey, *Jesus Feminist: An invitation to revisit the Bible's view of women*. Howard Books, 2013.

Paulo, e ele retorna aos escritos sagrados do Gênesis para fundamentar o que diz.

> Não permito que as mulheres ensinem aos homens, nem que tenham autoridade sobre eles. Antes, devem ouvir em silêncio. Porque primeiro foi formado Adão, e depois Eva. (1 Timóteo 2:13-14, NVT)

> Pois o homem não se originou da mulher, mas a mulher do homem. E o homem não foi criado para a mulher, mas a mulher para o homem. (1 Coríntios 11:8-9)

Assim, como nos ensina o grande teólogo britânico John Stott, essa leitura nos diz que, apesar de "o homem ser nascido da mulher e apesar de os sexos serem interdependentes (1 Coríntios 11:11), a mulher foi feita depois do homem, a partir do homem e para o homem".[5]

Essa distinção garante ao homem, segundo muitos teólogos, o protagonismo que ele ocupa desde sempre na História. Segundo essa visão literalista, o homem foi criado por Deus para comandar e dominar, desde o Éden, não apenas sua família, mas as empresas, os governos, as igrejas e o saber.

Além de chegar por último, a mulher ainda por cima foi a primeira a transgredir. Foi ela quem se deixou seduzir pela voz da serpente, atraída pela promessa do Pleno Conhecimento ("no momento em que comerem do fruto, seus olhos se abrirão, e serão como Deus,

---

[5]John Stott, *Os cristãos e os desafios contemporâneos*. Editora Ultimato, 2014, p. 358.

INTRODUÇÃO

conhecedores do bem e do mal"[6]); foi ela quem rompeu a ordem estabelecida, condenando a humanidade, desde então, às consequências nefastas desse ato.

> Porque primeiro foi formado Adão e depois Eva. E Adão não foi enganado, mas sim a mulher que, tendo sido enganada, tornou-se transgressora. (1 Timóteo 2:14-15)

Por esta razão, é necessário que a mulher seja subjugada, sob pena de seguir seduzindo e corrompendo. Essa natureza corruptora nos define desde então — somos todas filhas de Eva —, motivo pelo qual devemos viver *sub judice*.

Como sentenciou Tertuliano, um dos chamados Pais da Igreja, ainda no século III:

> Vocês não acreditam que (cada) uma de vocês é uma Eva? A sentença de Deus sobre este sexo de vocês vive mesmo em nossos tempos e, portanto, é necessário que a culpa também seja vivida. Você é a porta do Diabo, você é o agente daquela árvore (proibida): você é a primeira que deserta da lei divina; você é aquela que persuadiu a quem o Diabo não era suficientemente forte para atacar. Muito facilmente você destruiu a cara imagem de Deus. Por causa do seu deserto, isto é, a morte, mesmo o Filho de Deus teve que morrer.[7]

---

[6]Gênesis 3:5.
[7]Tertuliano, *The Apparel of Women*, Livro I, Cap. 1. 198 d.C. Disponível em: https://bit.ly/3o5c6Zf. Acesso em: 07 jul. 2020.

Duras palavras!

Dos influentes teólogos da Antiguidade aos pregadores do século XXI, com milhões de seguidores nas redes sociais, há exemplos de sobra para corroborar essa visão.

As mulheres foram afirmadas como naturalmente inferiores aos homens por vários teólogos cristãos que, influenciados pela filosofia clássica, argumentavam a partir de bases teológicas uma suposta superioridade masculina, legitimando, assim, a dominação sobre as mulheres. Agostinho, por exemplo, em *De Trinitate*, afirmava que a mulher estaria privada de ser a imagem de Deus simplesmente pelo fato de ser mulher. Tomás de Aquino, na *Summa Teologica*, defendia que as mulheres possuíam uma natureza inferior e que, por isso, deveriam sujeitar-se aos homens. Para Lutero, a autoridade do marido representava uma autoridade sagrada, tendo as mulheres que se submeterem sem questionamentos. Calvino, por sua vez, afirmava que as mulheres deveriam permanecer no casamento mesmo havendo violência física, pois o marido possui autoridade sobre a esposa.[8]

Transportando o debate para o presente, percebe-se que um dos resultados desse tipo de ensino literalista e descontextualizado sobre os papéis masculino e feminino é o fato de muitos pastores terem se tornado cúmplices da agressão e do assassinato de milhares de mulheres

---

[8]Carolina Teles Lemos e Sandra Duarte de Souza. *A casa, as mulheres e a igreja: gênero e religião no contexto familiar*. Fonte Editorial, 2009, pp. 53–57.

INTRODUÇÃO

todos os anos, pois 40% das vítimas de violência doméstica no Brasil são evangélicas, segundo Valéria Vilhena, doutora em Educação, História da Cultura e Artes, da Universidade Presbiteriana Mackenzie, que entrevistou muitas dessas sofredoras para escrever sua dissertação de mestrado, que virou o livro *Uma Igreja sem voz: análise de gênero da violência doméstica entre mulheres evangélicas* (Fonte Viva, 2019). A pesquisa analisou os relatos de mulheres acolhidas pela Casa Sofia, na Zona Sul de São Paulo. Seu estudo viralizou, tornando-se referência nesse tema.

Tais números estão inseridos em um contexto dramático. Em 2018, a cada duas horas, uma mulher foi assassinada no Brasil,[9] país que, segundo o Anuário Brasileiro de Segurança Pública, registra um dos piores índices do mundo de agressão contra mulheres — um espancamento a cada dois minutos, 180 estupros por dia.

Como se não bastassem essas péssimas notícias, sabe-se ainda que apenas 40% das jovens ou mulheres vítimas de violência notificam a ocorrência, e que essa é uma realidade global, atingindo 243 milhões de mulheres de 15 a 49 anos por ano, segundo a ONU.[10]

O Atlas da Violência 2020 revela que, enquanto os indicadores gerais de violência no Brasil melhoraram ao longo da última década, as mortes violentas de mulheres aumentaram 4,2% entre 2008 e 2018. As negras — justamente o público majoritário nos bancos das igrejas

---

[9]Atlas da violência. Disponível em: https://bit.ly/3vTWHhc. Acesso em: 07 ago. 2020.
[10]ONU Mulheres. Disponível em: https://bit.ly/3hgfmjb. Acesso em: 07 ago. 2020.

evangélicas brasileiras[11] — foram as mais atingidas: a taxa de homicídio entre elas aumentou 12,4% no período, enquanto caía 11,7% entre as não negras.[12]

São essas irmãs de fé as principais vítimas de um pensamento legalista, que as mantém caladas, muitas vezes de joelhos, clamando para que Deus as liberte de um algoz, quando seus pastores, a quem elas recorrem para pedir ajuda, poderiam estar fazendo isso.

Essa foi a realidade que encontrei ao me debruçar sobre este tema, em leituras, entrevistas com pastores, psicólogos e nas longas conversas que tive com mulheres agredidas por seus maridos supostamente cristãos.

Este livro é uma tentativa de chamar a atenção dos líderes das igrejas evangélicas brasileiras para esse problema social gravíssimo, e de alertá-los de que sua conduta equivocada no aconselhamento das vítimas de violência doméstica pode estar contribuindo com as terríveis estatísticas que fazem do Brasil o quinto país do mundo em número de homicídios de mulheres.

É uma tentativa de conscientizá-los de que é errado orientá-las a permanecer em casa, orando e jejuando por seus agressores até que eles eventualmente se convertam.

É uma pequena contribuição para mostrar que reforçar o ensino do dever da submissão feminina à autoridade do marido, sem a contrapartida do amor sacrificial

---

[11]Igrejas evangélicas brasileiras são compostas em sua maioria (59%) por mulheres negras e pobres, de acordo com pesquisa realizada pelo Datafolha entre os dias 05 e 06 de dezembro de 2019.

[12]Atlas da violência. Disponível em: https://bit.ly/3vTWHhc. Acesso em: 07 ago. 2020. p. 11.

INTRODUÇÃO 27

ordenado pela Bíblia, se torna uma arma perigosa num país historicamente violento e machista como o Brasil.

É também um canal para dar voz a pessoas que têm sido vítimas de uma igreja que, ao invés de ser luz e sal, evitando a decomposição da vida, tem escondido a "candeia embaixo da vasilha", deixando a casa às escuras.[13]

Os fatos aqui narrados são verdadeiros, mas os nomes das personagens e alguns detalhes foram modificados, para preservar sua identidade.

---

[13]Mateus 5:15-16: "E, também, ninguém acende uma candeia e a coloca debaixo de uma vasilha. Ao contrário, coloca-a no lugar apropriado, e assim ilumina a todos os que estão na casa. Assim brilhe a luz de vocês diante dos homens, para que vejam as suas boas obras e glorifiquem ao Pai de vocês, que está nos céus."

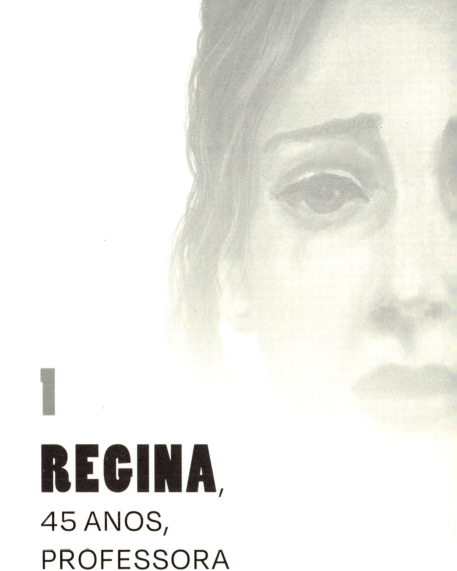

1
REGINA,
45 ANOS, PROFESSORA

É querer estar preso por vontade;
É servir a quem vence, o vencedor;
É ter com quem nos mata, lealdade.[1]

Luiz Vaz de Camões

Foi tudo tão rápido... Eu não tinha nenhuma experiência. Minha mãe insistia: namorou é para casar; não quero ninguém namorando muito tempo nesta casa. Então, depois de um ano de conversa no sofá, um relacionamento vigiado, sem privacidade e sem nos conhecermos direito, nos casamos.

Conheci o Cláudio na igreja: eu tinha 16 anos; ele, 25. Nunca havia namorado. Sempre fui tímida, fechada.

Nos cultos também ensinavam que namoro não é para ser longo, que você só deve namorar se estiver pensando em se casar com aquela pessoa e, uma vez casados, casados para sempre. É isso.

Tinha até um pastor que provava por A mais B que namoro não era bíblico: "Na Bíblia você não vê ninguém namorando", ele dizia, "É só casamento". A gente cresce ouvindo essas coisas. E assimila.

Fui criada na igreja pentecostal, mas ele não era de igreja. Começou a frequentar já adulto, e na sua família só ele ia.

Antes de nos casarmos, Cláudio me tratava bem, levava presente, era gentil. Depois, ele mudou.

---

[1]Poema "Amor é fogo que arde sem se ver", de Luís Vaz de Camões.

REGINA, 45 ANOS, PROFESSORA

Queria ser o senhor da casa, controlar tudo, mandar na minha roupa, nos meus horários, saber com quem estava falando, onde eu tinha ido. Uma vez chegou do trabalho e colocou a mão em cima da TV para ver se estava quente. "Ficou na televisão o dia todo?" Eu não acreditei.

Nunca foi de gritar, nem de agredir fisicamente. A violência era de outro tipo. E com o tempo foi se tornando mais concreta.

Chamava-me de burra, de idiota. "Você está parecendo uma palhaça com essa roupa." Chamava-me de fria porque eu não reagia. Não gostava de brigar na frente do meu filho; sabia bem o que era crescer numa casa onde os pais viviam brigando. Não queria isso para minha criança, então ficava quieta.

Sempre fui assim, meio passiva. Já ele, ele tinha prazer em me dizer "não". "Não, você não pode." "Não, você não merece." "Não, você não vai." "Não, não faço vontade de grávida, é só frescura", então me justifiquei: "Mas eu só queria comer pêssego em calda!", e ele falou grosseiramente: "Ah, cala a boca, você não sabe nada."

Foram infinitos "nãos". Violência verbal. Você se acostuma. Aquilo vai para o inconsciente, acho. Burra, feia, fria, uma pa-lha-ça.

Violência na cama. Fica sem falar comigo o dia inteiro, mas à noite chega com aquela mão pesada. E vai fazendo o que quer, como quer. Sem carinho, sem abraço. E me invade rispidamente, dolorosamente. Você quer gritar, mas não grita.

Quer bater, quer pedir ajuda. Mas para quem?

Você quer chutar, mas não tem força.

Você quer matar.

●● ●●

Minha mãe batia muito na gente... Sabe filho de escravo? Era uma mulher violenta — ela, minhas tias, todas "filhas de escravo". Que apanharam no tronco — quer dizer, seus antepassados, claro — e aprenderam a espancar.

Imagina juntar esse tipo de violência com a radicalização de alguns discursos que você ouve nas igrejas — uma violência potencializando a outra.

Eu me acostumei a não poder nada, a não ter direito a nada. Moramos em favela muitos anos, e minha mãe me proibia de sair; ela controlava minhas amizades. No fundo, acho que era para me proteger — vai que engravida.

Ela batia muito. Em mim, em meus irmãos. E meu pai era uma grande ausência, pois trabalhava muito, mas sabia que ela era assim.

Sou a mais velha de seis filhos. Dureza. Mas na época eu não tinha consciência, tão nova...

Desde cedo aprendi a lavar, cozinhar, arrumar. Tomava conta dos meus irmãos quando meus pais estavam fora. Aprendi a cozinhar aos sete anos, quando ela voltou a trabalhar fora — era empregada doméstica — e eu fiquei responsável pela casa.

Meu pai era operário. Esforçado, virava turnos para poder sustentar a família. Ele era católico, mas, quando adoeceu, já no finzinho, começou a ir naquela igreja de cura, do pastor da televisão. Era um homem bom. Ensinou meus irmãos a respeitarem as irmãs. A respeitarem as mulheres.

Se ele e minha mãe saíam para trabalhar no sábado, eu cuidava dos meus irmãos, dava banho, comida. Só bem mais tarde parei para refletir sobre como esse "lugar" de filha mais velha teve um impacto sobre minha forma de viver.

REGINA, 45 ANOS, PROFESSORA

Em resumo é assim — aprende-se muito cedo a resolver tudo sozinha.

■■ ■■

Você, Marília, me pergunta se minha infância me foi roubada. Não sinto dessa forma. Apesar de tudo, minha casa vivia cheia de crianças; meu pai, quando presente, era um homem divertido. Eu me dava muito bem com ele.

Mas, pensando bem, quem sabe, se eu tivesse brincado mais... Talvez por isso eu goste tanto de parques de diversão. Imagina! A mulher tem 40 anos e adora parque de diversão! Parece meio absurdo, não?

■■ ■■

Graças a Deus, toda essa rigidez não afetou meus estudos; sempre gostei de estudar. Meu pai me incentivava, tentava me ajudar como podia.

Gostava de ler, mas fiz faculdade tarde. Letras e magistério. E Cláudio tinha ensino médio; trabalhava numa indústria, auxiliar de estoque.

Nós nos casamos e fomos viver numa casinha que era dele, num quintal, onde moravam outras famílias. Quando comecei a trabalhar numa escola, ganhava mais que ele. Dividíamos as despesas, mas eu sempre pagava a maior parte. Não sei bem se isso o incomodava, mas era como se reforçasse a necessidade dele de demonstrar sua autoridade.

Na maioria dos lares evangélicos que eu conheço é essa a configuração — o marido manda. Na Bíblia, o contexto da época era esse, de sociedades patriarcais, e em muitas igrejas, como a que frequentávamos, ainda é assim.

O homem é a cabeça. Um corpo sem cabeça é um corpo sem vida.

Uma amiga brincava: "O homem é a cabeça; a mulher, o pescoço." A gente ria muito.

Ele exercia esse poder sendo rude, querendo tudo na hora, do jeito dele, tratando mal, humilhando. Mas o pior mesmo era a indiferença. Numa conversa, você argumenta, mas sua opinião não tem valor nenhum, seu desejo não significa nada. A casa que construímos foi com meu dinheiro também, mas eu não pude escolher a cor das paredes.

E as comparações? Ele me comparava à mulher do amigo dele: ela era mais inteligente, mais educada. Quando fiquei sem trabalhar, depois de ter nosso filho, ele dizia: "Ela trabalha. Sabe quanto ela ganha?"

E assim meu marido e eu fomos nos distanciando.

■■ ■■

Durante trinta anos eu aprendi isso. Trinta anos. Está no livro de Efésios — eles nunca ensinavam o texto inteiro, só esta parte:

"Mulheres, sejam submissas a seus maridos."

É a frase mais cruel da Bíblia.

Eles ensinam de um jeito torto, não levam em conta o contexto histórico, as tradições, a cultura. Nas sociedades patriarcais, isso é muito reforçado. Passei todos esses anos ouvindo que, se você não for submissa, quem perde é você, porque a submissão é um jeito que Deus encontrou para proteger a mulher. Portanto, quem vai prestar contas a Deus é você, se não obedecer. Quem está pecando é você.

REGINA, 45 ANOS, PROFESSORA

A gente acaba se enquadrando. Ao mesmo tempo, você vai encolhendo, engorda, fica feia, fica triste. Conheço um monte de mulheres assim, que foram se encurvando.

Lembro-me do dia em que uma amiga chegou e me disse na cara: "Sabe o quê? Você é muito mal-amada!"

Aquilo me cortou. Como uma revelação, descobri que os outros enxergavam a minha infelicidade. E eu não tinha ideia de que dava para perceber; pensava que eu disfarçava bem. Quando comentei com outra amiga, dizendo que ia me separar, ela apenas disse: "Demorou."

Numa de nossas discussões, peguei minhas coisas e saí de casa. Fui para a casa da minha mãe, levando meu filho comigo. Ela me disse: "Aqui não fica! Não criei filha para sair de casa e não vou criar filho de ninguém!"

Ela ligou para o Cláudio, mandou que ele me buscasse. Quando me levou de volta para casa, meu marido se sentia ainda mais poderoso, validado por minha própria mãe. Fiquei várias semanas sem força para reagir, letárgica.

■■ ■■

Eu pedia a Deus que mudasse a situação, que fizesse o Cláudio mudar. O pastor ensinava que as esposas tinham que orar pelos maridos, para Deus converter o coração deles.

Uma senhora foi se aconselhar com o pastor, contar para ele que o marido batia nela. Ela saiu da reunião chorando, porque ele tentou convencê-la de que o jeito dela afrontava o marido e ele se sentia diminuído, por isso batia nela. Entendeu? Foi como dizer que a culpa era dela por apanhar. Eu tinha certeza de que, se falasse para ele como era nosso relacionamento, provavelmente a receita seria a mesma: "Ore por ele, irmã, até Deus transformar o coração do seu marido."

Ocupávamos cargos de liderança na igreja, trabalhávamos muito ali, mas não havia diálogo entre nós. E ninguém percebia! Vivíamos uma farsa e ninguém notava. Como podiam ser tão cegos?

Queria me separar, mas sabia que ninguém me daria apoio: nem na família, nem na igreja. Além disso, meu pai estava nas últimas. Foi um período bem difícil.

Eu racionalizava, me questionava sobre o que era realmente certo e errado. Será que eu estaria exagerando? Não seriam naturais as exigências dele? Coisa de marido ciumento? Ciúme não é sinal de amor? Mas sair com uma amiga para ir ao cinema num sábado era errado?

Demorou até que eu encontrasse a energia necessária para procurar ajuda profissional. Retomar minha vida e pensar um pouco em mim mesma.

Eu já havia passado dos 40 anos quando comecei a ver uma psicóloga. Ao mesmo tempo, intensifiquei minhas leituras sobre divórcio e submissão feminina.

Encontrei autores que apresentam o texto bíblico de Efésios de um jeito diferente — maridos, amem suas mulheres como Cristo amou a igreja e a ela se entregou. Mulheres, sejam submissas a seus maridos. Filhos, honrem os pais. Pais, não provoquem seus filhos. Cristãos, sujeitem-se uns aos outros.

Era um tipo de submissão mútua, um quadro bem mais amplo. Mas ninguém nunca nos ensinou isso. Na minha igreja também não se ensinava nada a respeito de autonomia feminina. Feminismo é coisa do capeta.

Fui atrás de literatura, de aconselhamento fora daquele ambiente. A *Bíblia de estudo: desafios de toda mulher* me ajudou. Li um artigo sobre divórcio, e ele me consolou.

REGINA, 45 ANOS, PROFESSORA

Dizia assim: "Deus odeia o divórcio, diz o profeta Malaquias. Importa ressaltar: ele odeia o divórcio, não os divorciados."[2]

O texto era assinado pela psicóloga Esther Carrenho e eu fui atrás dela. Queria me tratar. Quando cheguei à Esther, fazia alguns anos que eu não chorava.

Também busquei entender o que verdadeiramente define a violência. Na mesma Bíblia, li outro artigo que dizia assim:

> A violência doméstica e familiar contra a mulher pode se manifestar de diferentes maneiras, principalmente: a física (que vai de ser trancafiada em casa a espancamentos), a psicológica (como constrangimento, vigilância constante, insulto ou ridicularização), a sexual (qualquer conduta que a constranja a presenciar, manter relação sexual não desejada ou participar dela), a patrimonial (como retenção, subtração ou destruição de seus bens) e a moral (qualquer conduta que configure calúnia, difamação e injúria).[3]

"Violência patrimonial — retenção, subtração ou destruição de bens." Lembrei-me das vezes em que Cláudio pisara "sem querer" em brinquedos do nosso filho, apenas para me agredir. De quando destruíra ou desmanchara os meus quebra-cabeças, que eu adorava montar. Das vezes que quebrara enfeites que eu havia comprado para decorar a casa.

Ele era perverso. E pessoas perversas muitas vezes são difíceis de desmascarar, porque são dissimuladas. Escondem a raiva e dominam a arte da manipulação.

---

[2] *Bíblia de estudo*: desafios de toda mulher. Mundo Cristão, 2017, p. 927.
[3] Naiá Rocha, "Violência contra a mulher e como combatê-la". In: *Bíblia de estudo:* desafios de toda mulher. Mundo Cristão, 2017, p. 311.

Quando a situação se tornou insustentável, fomos comunicar ao pastor, afinal, nós dois trabalhávamos na igreja; era nosso dever falar com ele. A decisão já estava tomada, mas eu sabia que o pastor tentaria me fazer mudar de ideia.

Dito e feito. Ele leu todas as passagens que falam sobre divórcio na Bíblia, e ainda enfatizou: "Deus odeia o divórcio."

Avisou que, se eu "repudiasse" meu marido, a Palavra de Deus alertava que eu não poderia me casar de novo. "Se você se casar, perde a salvação", e eu disse: "Ok, sem problemas." A última coisa que eu pensava naquele momento era em me casar novamente.

Eu só queria voltar a viver."

2
MARTA,
50 ANOS,
EDUCADORA,
DOIS FILHOS
ADOLESCENTES

Sim, eu sei que um dia vou fugir daqui
Nem que leve a noite toda
Nem que leve cem anos[1]

BILLIE EILISH

Quando nos mudamos para outro estado, para assumir o ministério infantil em uma igreja presbiteriana, o comportamento do meu marido começou a me assustar.

Saulo controlava tudo. "Esposa minha tem que fazer o que eu quero", ele dizia. Roupa, cabelo, maquiagem. Falava como eu tinha que me vestir. Menosprezava: "Essa roupa está muito feia, você está engordando demais." Eu me sujeitava, porque não gostava de confronto. A gente aprende assim desde sempre, não é? A mulher deve se submeter ao marido; ele é o cabeça.

Lembro-me de quando comprei um batom cor-de--rosa. Caía bem, minha pele é clarinha. Ele viu e disse: "Tira isso agora!"

A violência era velada. Uma vez prendeu minha mão na porta do carro. Disse que foi sem querer, mas sei que não foi. Ficava nervoso e jogava objetos pesados em mim, gritando: "Sai da minha frente!" Do nada, ele surtava.

Cansada, fui me aconselhar com a mulher do pastor da nossa igreja, desabafar. Foi pior. Ela me ouviu e, no

---

[1]Canção "Lovely", de Billie Eilish. No original: *But I know some day I'll make it out of here / Even if it takes all night or a hundred years.*

MARTA, 50 ANOS, EDUCADORA, DOIS FILHOS ADOLESCENTES 41

final, apenas me disse: "Filha, é assim mesmo, os homens sofrem muita pressão. Vamos orar." E eu soube que o pastor comentou: "Se apanhou, deve ter merecido."

A gota d'água veio numa noite em que eu conversava com minha irmã pelo computador. Estava no escritório, que ficava num quartinho, no fundo da casa. Naquele tempo, a gente se falava sempre depois da meia-noite, porque era mais barato. Saulo chegou de mansinho, desconfiado, para ver o que eu estava fazendo. Eu lhe disse: "Estou conversando com a minha irmã. Quer ver?" Ele se irritou com a maneira como respondi, resmungou alguma coisa, trancou a porta e foi embora. Só voltou na manhã seguinte.

Bati na porta, chamei, gritei. Não acreditava no que estava acontecendo. Até que desmaiei. Passei a noite deitada no chão frio. Quando abriu o quarto, no dia seguinte, disse apenas que eu o tirava do sério. Ele não se desculpou.

No mesmo dia, liguei para minha mãe, avisando que iria passar uns dias na casa dela, em Vitória. Quando me viu arrumando as malas, ele ficou desesperado.

Ligava para lá todo dia; pediu a um amigo que me levasse flores, mostrou-se arrependido. Mas nunca pediu perdão pelo que fizera. Meus pais sabiam de tudo, e mesmo assim colocavam panos quentes: "Coitado! É fase. Isso passa; ele deve estar muito estressado."

Eu refletia sobre tudo o que já havíamos passado, uma história feita de tantas violências. Mas, quando pensava em me separar, imaginava o escândalo que causaria na igreja. Daí desistia. Tinha também a questão financeira — apesar de tudo, ele era o provedor. Esposas de pastor, embora trabalhem muito na igreja, não costumam receber por isso. É trabalho voluntário.

Desde pequena eu sonhava em ser missionária e trabalhar com crianças. Fiz seminário e me formei em teologia e canto, e logo consegui emprego numa associação dedicada ao evangelismo infantil. Foi ainda durante o seminário que nos conhecemos; Saulo dava aulas ali.

Namoramos boa parte do tempo por correspondência — eu morava em Vitória; ele, em São Paulo. Acho que nos vimos, durante o namoro, umas três vezes; uma delas, quando ele foi em casa para conhecer minha família. Em pouco mais de um ano, ficamos noivos e nos casamos. Ele era bem mais velho, tinha 34; eu, 21. Eu pensava: "Ele é pastor, missionário. O que pode dar errado?"

Era romântico, mandava muitas cartas, flores, presentes. Entretanto, no dia seguinte ao casamento, já era outra pessoa. Tornou-se seco, mais calado. Eu era moça, magrinha, bonitinha. Ele vivia apático. Eu me culpava por ele não me dar carinho como antes, não demonstrar atração por mim. Era só trabalho, trabalho, trabalho.

Quando nos casamos, a missão nos ofereceu uma casinha para morarmos em São Paulo, um porãozinho todo mofado, um lugar muito ruim. Trabalhávamos juntos, com muita dedicação. Eu adorava o que fazia — ensinar as crianças, dar aulas de música, evangelizar. Formávamos uma boa dupla, dando treinamentos. Ele tocava violão, eu cantava.

O único problema é que, assim que nos casamos, eu deixei de ser funcionária e passei a trabalhar de graça, porque agora era a "esposa do obreiro". Como líderes regionais, tínhamos acesso a escolas públicas, por meio de um

MARTA, 50 ANOS, EDUCADORA, DOIS FILHOS ADOLESCENTES 43

convênio com a secretaria da educação; dávamos aulas semanais, palestras, cursos, promovíamos eventos com as crianças. Mas só ele recebia. Até as ofertas das minhas palestras iam para ele. Era bizarro.

Veio a menina, nossa primeira filha, e nossa situação financeira apertou. Minha família ajudava um pouco e eu comecei a me virar, costurando bonecos para vender, consertando roupas. Sempre gostei de costurar, tenho habilidade com as mãos.

Quando comecei a ganhar um dinheirinho, o diretor da associação me mandou parar. Ele me viu vendendo meus fantoches durante um evento, me chamou de lado e me repreendeu, dizendo que era falta de fé.

Eu me desliguei da missão há mais de dez anos, mas ainda guardo ressentimento. As pessoas de lá são machistas. Quer dizer, não sei se ainda são assim, mas creio que muitos de nossos problemas como casal também tiveram a ver com a forma como nos tratavam.

▮▮ ▮▮

Eu esperava nosso segundo filho quando nos mudamos outra vez, agora para o Norte, para o estado natal de Saulo. No começo, moramos num cômodo na casa da minha cunhada, eu com aquele barrigão.

Consegui um bom emprego no colégio batista e por alguns anos era eu quem sustentava a casa. Desempregado, Saulo se tornava cada vez mais violento: batia nas crianças, me empurrava.

Foi a primeira vez que tive coragem de ir à delegacia para dar queixa dele. Ele dera uma surra na minha filha, até sangrar — ela tinha nove anos. O boletim de ocorrência não deu em nada. Eles foram lá em casa, conversaram com ele, mas ficou tudo na mesma.

Comecei a adoecer, sem razão aparente. Sentia dores fortes no corpo todo, na coluna, vomitava do nada. Estava casada há dez anos, não suportava mais viver naquele ambiente tóxico.

Falei para ele: "Saulo, não dá mais. Estou doente. Sei que estou somatizando esse sofrimento." Sabe o que ele fez? Disse que ia embora, e simplesmente sumiu. Soube depois de algumas semanas que ele voltara para São Paulo.

Durante um ano, vivemos vidas separadas; ele nunca telefonava, não mandava dinheiro, nada. Eu seguia empregada; as crianças tinham bolsa de estudo na escola onde eu dava aulas de música.

Um pastor conhecido tentou nos reaproximar. Falou com Saulo, convenceu-o a voltar para casa, fazer um aconselhamento conjugal. Quando nos reunimos, o pastor começou a falar e falar coisas que eu já tinha ouvido tantas vezes. Disse que o casamento era uma aliança diante de Deus e que era pecado romper esse compromisso. As crianças nunca seriam felizes vendo os pais separados. Nós precisávamos exercer o perdão, dialogar, buscar reconciliação. Ele falava, nós ouvíamos tudo calados, mas, no fundo, meu desejo era sair correndo.

Apesar de tudo, mesmo sem vontade, concordei em dar uma nova chance para o casamento. Ficamos mais um tempo na cidade, até que fomos convidados, pela mesma missão onde já havíamos trabalhado, a voltar para São Paulo. Topamos.

Não havia dinheiro para fazer a mudança. Viemos com uma mala de mão cada um, e o resto ficou para trás. Móveis,

MARTA, 50 ANOS, EDUCADORA, DOIS FILHOS ADOLESCENTES 45

livros, tudo para trás. Ainda me recordo de alguns objetos de que gostava, mas que não pude trazer.

Durante alguns anos, moramos num alojamento, no acampamento que pertencia à missão. Nunca tivemos a nossa própria casa. Eles nos fizeram muitas falsas promessas.

Foi uma época um pouco mais calma, mas em seguida as coisas de novo degringolaram. Fiquei doente: tive nevralgia do trigêmeo; não conseguia comer, falar. Fui internada; tomava morfina. Penso que tudo tinha fundo emocional.

Quando ia conversar com o pastor, era sempre a mesma conversa: "Vamos orar, vamos orar. A mulher ganha o marido pelo bom procedimento."

Em casa, as surras nos meninos continuavam. Eu pedia a Deus para me livrar daquilo; pedia para morrer, mas daí me arrependia, porque pensava nos meus filhos. Já não adiantava contar para ninguém o que eu passava; as pessoas só me mandavam orar mais, jejuar, me humilhar diante do Senhor.

Quando dei por mim, dezoito anos haviam se passado. Dezoito anos orando para ele mudar. E ele nunca mudou.

Certo dia, parece que Deus se lembrou de mim. Soube de um projeto que levaria missionários para passar um mês na África, para trabalho voluntário. Eu me candidatei e fui aceita.

Pela primeira vez, tive a oportunidade de estar sozinha, distante da minha realidade habitual, num ambiente totalmente novo e inspirador. Foi durante essa viagem que tive o encontro mais importante da minha vida — encontrei-me comigo mesma.

Acredito que a experiência também aguçou meus sentidos: me tornei mais atenta à voz de Deus. Numa manhã quente, no interior do Senegal, ouvi essa voz doce me sussurrar: "Minha filha, eu te liberto desse jugo. Fica em paz."

Na volta para casa, ouvi de meus filhos que passar um mês sozinhos com o pai fora muito difícil: "Mãe, ele nos bateu muito. Alguns dias nem comida tinha." Então eu dei um basta.

Quando o diretor da missão soube que eu estava para entrar com pedido de separação, veio me perguntar: "Que loucura é essa?" "Você não conhece direito a minha vida", eu respondi a ele. "São 18 anos de sofrimento. Não aguento mais."

Sua resposta me deixou de queixo caído: "Mas aí você quebra minhas pernas. Como vou explicar dois obreiros se separando? Quem aguentou 18 anos aguenta mais um pouco."

Você acredita?

■■ ■■

Faz dez anos que nos separamos. Tive que reconstruir minha vida do zero. Quando deixei a missão, eu não tinha nada, nem mesmo uma geladeira. Tudo era deles.

Mesmo com toda a minha experiência nos ministérios evangélicos infantis, eu não conseguia trabalho. Já tinha quase 40 anos, meu currículo era bom, mas as igrejas não me chamavam, por causa do divórcio. Eu ouvia: "Puxa, seu currículo é ótimo, e a gente está precisando muito de ministro para trabalhar com crianças. Mas não posso te contratar porque você não tem autoridade para falar sobre família."

Na primeira vez que ouvi isso, me senti um lixo. Até que consegui um trabalho numa congregação, em que preparava programações infantis, aulas, eventos, cartazes, mas

MARTA, 50 ANOS, EDUCADORA, DOIS FILHOS ADOLESCENTES 47

sempre nos bastidores — meu nome não podia aparecer. Era como uma sombra.

Enquanto era casada e trabalhava numa organização conhecida no meio evangélico, eu era respeitada. Agora, mesmo sendo muito mais madura e experiente, ninguém me queria, porque eu era apenas eu mesma.

Desde então, nunca mais pude trabalhar no que mais gosto, exercer os dons que Deus me deu. E o Saulo? Imagina. Ele, que tanto dizia me amar, casou-se de novo depois de um ano da separação. Hoje ele é pastor em uma igrejinha em Minas. Seguiu a vida normalmente. Para o homem, é mais fácil.

Vivo do meu ateliê de artesanato, das vendas dos produtos que fabrico. Também me casei novamente, oito anos depois de me separar. Fiquei bem insegura quando começamos a namorar, fui adiando o compromisso, mas ele sempre me tratou bem, e se preocupava com meus filhos. Eu fugia, não queria nada, terminava toda hora o namoro. Pensei, pensei, e uma hora achei que seria bom ter um companheiro.

E foi muito importante mesmo. Ele cuidou de mim quando tive tumores e fiz grandes cirurgias para retirar alguns órgãos. Ele é carinhoso, amigo. Embora seja amoroso, é como se eu nunca mais fosse conseguir viver um relacionamento afetivo plenamente.

Depois das cirurgias, tive uma depressão profunda. Procurei um médico, que me receitou alguns remédios. Eles me ajudam a tocar a vida.

Se eu consegui perdoar o Saulo? Acho que sim. Mas sinto uma mágoa por ele nunca ter me pedido perdão. Nunca. Acho que gostaria de reencontrá-lo para ter uma conversa, olho no olho, e ouvi-lo me pedir perdão.

Relembrar tudo isso já não me dói tanto. Consigo olhar o passado com algum distanciamento. É doloroso, porém, saber que podia ter sido diferente. Eu podia ter tomado essa decisão muito antes, se tivesse tido algum apoio.

É um pouco triste perceber que perdi minha juventude nesse processo, e que isso não tem volta.

3
POR QUE ELAS FICAM?

> *Lágrimas escorrem pelo seu rosto*
> *Quando você perde alguma coisa*
> *Que nunca vai poder substituir*
>
> Fix You, Coldplay

"É um pouco triste perceber que perdi minha juventude nesse processo, e que isso não tem volta."

A voz de Marta ecoava em minha mente, mesmo quando eu tentava afugentá-la, aumentando o volume de "Fix You", do Coldplay, nos fones de ouvido, durante a caminhada matinal. Acelerava os passos, ameaçava um trote, mas a indignação crescia e fazia meu rosto tensionar-se: "Não tem volta, não tem volta", ouvia. De repente, eu estava correndo e praticamente gritando os versos da canção:

> *Tears stream down your face*
> *When you lose something you cannot replace*[1]

Um casal de corredores passa por mim e sorri.

Tão triste desperdiçar a juventude ao lado de um homem impiedoso. Sonhos pisados, talentos atrofiados, a boca amordaçada pela violência. Você conhece o Amor Maior, que a move e lhe dá a convicção de um propósito de vida — "falar do amor de Jesus para as crianças" —, mas, quando olha para trás, percebe que

---

[1] "Lágrimas rolam no seu rosto / Quando você perde algo que não pode substituir."

as marcas das anestesias que você teve que tomar para sobreviver sobressaem.

O vigor da vida consumido pelo medo. Rios não atravessados.

"Por que elas ficam?" foi a pergunta que me acompanhou em muitas outras caminhadas. Atrás de uma resposta, procurei psicólogos com experiência em atender cristãos evangélicos, como a analista Dora Eli Martin Freitas, de linha junguiana. Ela me ensinou que todos buscamos reproduzir em nossas casas os padrões familiares, aquilo que nos é mais cômodo — os ambientes aos quais fomos acostumados desde pequenos.

Segundo ela: "Essas mulheres, em geral, já vêm de um contexto de violência. Em alguns casos, é a mãe dominadora e cruel; em outros, o pai autoritário ou alcoólatra e opressor. O filho ou aprende a ferir com as mesmas armas com que foi ferido, tornando-se mau e até perverso, ou se transforma numa pessoa passiva, amedrontada. Os homens que espancam suas mulheres também trazem esse histórico."

Em algumas dessas histórias, as mães se adaptaram a uma posição subalterna e vitimizada, um comportamento que resultou em traumas nos filhos:

"Eles se tornam muito agressivos ou muito passivos, se escondem. Essas mulheres mais passivas, que não conseguem externar seus desejos, podem se tornar propensas a somatizações, desde uma enxaqueca que nunca se cura até um câncer. É a forma que elas encontram de suportar. Elas não conseguem levar uma vida autêntica, nem transgredir, então acabam cometendo uma traição a si mesmas", diz Dora Eli.

Essa "transgressão" mencionada pela analista nos remete aos estudos do rabino Nilton Bonder, que nos falam sobre a "alma imoral", aquela que desafia os mandatos da tradição e da religião, impulsionando-nos em direção ao autoconhecimento e à evolução pessoal. Segundo esse texto, uma grande preocupação dos mestres espirituais, "que se dedicam a compreender as necessidades da alma", é a tolice, o "sacrifício idólatra de vitalidade por conta do temor de enfrentar a si e aos outros".[2]

Ainda sobre a transgressão, a analista Dora Eli explica: "Transgredir, nesse sentido, é deixar de cumprir a expectativa dos outros sobre você. É enxergar o padrão a que você foi submetido e ter a coragem de dizer 'Eu não sou e não serei essa pessoa'. É ter a ousadia de romper com essa expectativa. Essa é a verdadeira transgressão."

Nós, como cristãos, somos chamados a servir uns aos outros, uma convocação que se aplica às relações conjugais. O desafio é evitar que a obediência a esse princípio nos transforme em vítimas numa relação desequilibrada, em que predomina o exercício do domínio de um cônjuge sobre o outro.

"Eu entendo", afirma Dora, "que servir o outro não é se sujeitar ao poder do outro. Trata-se de demonstrar a disponibilidade de ajudar o outro, independentemente de quem seja esse outro. Mas não é sujeitar-se ao papel que ele representa".

"Muitas vezes, esposo e esposa são apenas papéis preestabelecidos, cheios de estereótipos; para cumprir

---

[2]Nilton Bonder, *A alma imoral*: traição e tradição através dos tempos. Rocco, 1998, p. 77.

esses papéis, as pessoas precisam virar 'personas', ou seja, atores, distanciando-se do seu eu mais profundo. Transgredir, nesse caso, é dizer: não aceito viver como um ator."

Para Dora Eli, muitos pastores reforçam os estereótipos femininos, os "scripts" estabelecidos há séculos para as mulheres, limitando-as às caixinhas da religião ou mesmo da cultura. Alguns ainda estão restritos ao "kkk" do ditado alemão, que diz que às mulheres cabem somente *kinder, küche und kirche*, ou seja, filhos, cozinha e igreja.

As próprias mulheres, entretanto, também podem contribuir com essas dinâmicas quando se sujeitam a esses limites preestabelecidos porque, no fundo, obtêm ganhos secundários com isso, exercendo o controle sobre toda a família.

"A mulher também pode ser oprimida pela dinâmica matriarcal, aquela que simbolicamente está ligada à figura da 'mãe terra', que tudo supre. A mãe que oferece o colo e o alimento. Numa casa onde prevalece esse regime, a mãe está a servir a todos o tempo todo; ela é a grande provedora — da comida, do bem-estar e do conforto. Isso lhe confere poder, e esse poder a alimenta."

"O que há de errado em estar sempre disposta a servir o outro?", eu então pergunto à analista.

"A mulher desempenha um papel aparentemente submisso ao marido. Mas, no fundo, quem está no comando é ela. Inclusive sexualmente, o que se percebe quando ela afirma: 'Coitadinho, ele precisa disso para se aliviar, então eu o satisfaço'. Ela evita olhar para si mesma e questionar se essa é realmente a pessoa que ela desejava se tornar."

O problema central é a mulher performar um papel de uma esposa que ela não sonhava ser ou não tinha intenções de se tornar. Entretanto, não podemos generalizar, visto que há mulheres que desejam realmente dedicar sua vida à família e à casa exclusivamente.

"Nada de errado em fazer essa opção, claro, a da feminilidade que sente prazer em doar-se exclusivamente para a casa e a família, não porque tenha recebido de fora um roteiro, mas porque ela realmente se identifica com esse papel. O problema é quando ela apenas segue um trajeto que a leva a perder-se de si mesma", ressalta a analista.

■■ ■■

Na tentativa de compreender "Por que elas ficam?", também encontrei apoio nos estudos do dr. Paul Hegstrom, PhD em terapia familiar pelo Evangelical Theological Seminary (Seminário Teológico Evangélico) e especialista em violência doméstica. Ele identificou as características comuns às mulheres que permanecem em relacionamentos abusivos. Reproduzo aqui as principais:

- Têm baixa autoestima, subestimam as próprias habilidades; as constantes críticas do homem afetam seu julgamento.
- Assumem a culpa e aceitam a responsabilidade pelo comportamento do agressor; acreditam que, se elas mudarem, ele mudará também.
- São conservadoras e acreditam na regra prescrita para o estereótipo do sexo feminino. Concedem

ao homem o direito de tomar todas as decisões finais sobre as finanças da casa.

- Sentem-se responsáveis por criar um ambiente seguro para todos e mostram ao mundo um rosto passivo.
- São trabalhadoras e vivem sob estresse, reclamando com frequência de fadiga, dores de cabeça; sofrem de depressão, ansiedade, insônia e desconfiança.
- São ingênuas e confiam sempre nos outros.[3]

Os autores Roger Langley e Richard Levy acrescentam que "algumas mulheres são literalmente treinadas pelos pais para se tornarem mais tarde esposas espancadas". O testemunho de atitudes violentas, dizem os autores, ensina a criança a ser violenta, além de inculcar nela uma aprovação inconsciente do uso da força.

> As mulheres que foram criadas em lares violentos têm maior probabilidade de se casar com homens com tendência a usar a força.[4]

A pesquisadora Elizabeth Truninger pensa em sete motivos pelos quais algumas mulheres não abandonam seus companheiros violentos: autoimagem fraca, crença de que seus maridos vão mudar, dificuldades econômicas,

---

[3]Paul Hegstrom, *Homens violentos e as mulheres que os amam*: quebrando o ciclo do abuso físico e emocional. CPAD, 2010, pp. 54-55.
[4]Roger Langley e Richard C. Levy, *Mulheres espancadas:* fenômeno invisível. Hucitec, 1980, p. 144.

a necessidade de apoio econômico dos maridos para os filhos, dúvidas sobre se conseguem viver sozinhas, ver o divórcio como um estigma, além do fato de que é muito difícil para a mulher sozinha, com filhos para cuidar, encontrar um emprego.[5]

❚❚ ❚❚

Paul Hegstrom, que fundou a Life Skills International, uma organização estadunidense que ajuda pessoas a saírem de relacionamentos abusivos, teve um passado de marido violento, um casamento destruído e mais tarde reconstruído após submeter-se à terapia e ao aconselhamento pastoral. Ele nos apresenta um quadro completo com vinte situações de abuso às quais uma pessoa pode estar sujeita, muitas vezes sem se dar conta. São elas:

- abuso físico;
- abuso sexual;
- abuso religioso (o abusador usa a Escritura e a linguagem espiritual para obter controle);
- abuso emocional (xinga, diminui a pessoa, brinca com sua memória, leva-a a perder a identidade);
- abuso econômico (estabelece restrições a seu trabalho, controla seu dinheiro);
- abuso financeiro (arruína seu crédito, coloca em seu nome todos os bens da casa);

---

[5]Citado em Langley e Levy, *Mulheres espancadas*: fenômeno invisível. Hucitec, 1980, p. 146.

POR QUE ELAS FICAM?

- abuso verbal;
- abuso de conhecimento (usa o conhecimento para humilhá-la);
- abuso de responsabilidade (a vítima é responsável por tudo na casa: contas, trabalhos domésticos, educação de filhos);
- abuso médico (causa ferimentos e não lhe permite receber tratamento);
- abuso do privilégio masculino (coloca-se como o "rei do castelo");
- humilhação (críticas públicas, desprezo à aparência física, humor hostil);
- abuso dos filhos (para mandar recados, para chantagear o outro);
- isolamento (controla as atividades, restringe contatos, visitas, exige que ela fique em casa);
- silêncio (não se comunica, não expressa emoções);
- intimidação (usa o olhar, os gestos e a voz para causar medo);
- ameaças;
- perseguição (segue a vítima em suas atividades);
- abuso de poder (nega-lhe os direitos básicos, estabelece obrigações, controla detalhes, como o tempo no banho).[6]

▮▮ ▮▮

Ao ler e reler essa lista, o nome de Marta e de todas as outras mulheres que entrevistei me vem à memória.

---

[6]Ibidem, pp. 26-27.

Em cada história, consigo identificar vários desses comportamentos.

Penso em Marina, que viveu cinco anos numa espécie de prisão domiciliar, sem ter consciência disso. Paro para contar e me assusto ao constatar que ela passou por todos esses constrangimentos, com exceção de dois — uso das crianças e perseguição.

É ela mesma quem vai narrar essa história.

4
MARINA,
52 ANOS,
BANCÁRIA,
CASADA,
UMA FILHA

> *E eu, que tinha apenas 17 anos,*
> *Baixava a minha cabeça pra tudo*
> *Era assim que as coisas aconteciam*
> *Era assim que eu via tudo acontecer*[1]
>
> NENHUM DE NÓS

A beleza foi uma espécie de maldição em minha juventude. Se um médico hoje me perguntasse: "Você quer um tratamento para ser uma mulher linda ou bem-resolvida?", eu responderia na hora: "Quero um comprimido que faça de mim uma pessoa bem-resolvida."

Eu me converti aos 14 anos e desde então nunca deixei de ir à igreja. Não sou dessas pessoas que se decepcionam e não querem mais saber. Eu não; eu preciso da igreja para alimentar a minha fé. A igreja que frequento hoje é bem diferente daquela da minha adolescência — os pastores te ensinam a pensar.

Fui uma jovem muito atraente, e os rapazes da igreja viviam atrás de mim. Eu despertava olhares; eles se aproximavam, queriam conversar. Apesar de tudo, eu era cheia de complexos. Até hoje não gosto de sair em fotografia: só se for com um monte de gente, e eu lá no meio, escondida.

Na comunidade em que me converti, nós aprendemos que mulheres muito sedutoras muitas vezes têm um demônio de sensualidade. Eles usam o exemplo da rainha

---

[1] Canção "Camila Camila", do grupo Nenhum de nós. RCA Victor, 1987.

MARINA, 52 ANOS, BANCÁRIA, CASADA, UMA FILHA

Jezabel, mulher do rei Acabe, que era sensual e dominadora. Mulheres de Deus são discretas, não chamam atenção.[2]

Eu sempre chamei atenção. As moças da igreja conversavam sobre essas histórias de demônios e eu logo percebia que era uma indireta. Aos poucos, fiquei assustada. Eu era nova, sem malícia, como uma pomba.

A culpa foi entrando na minha mente, crescendo feito um tumor. Comecei a esconder meu corpo, a construir um muro ao redor de mim e me fechar atrás dele.

Mudei o modo de me vestir, passei a usar saias compridas e rodadas, blusas largas. Lembro-me de um chefe que tive numa loja de sapatos. Eu tinha uns quinze, dezesseis anos. Um dia ele me pegou pela mão, me levou até o espelho e apontou: "Marina, olha essas roupas. Não têm nada a ver com você. Você é uma jovem bonita, mas se veste como uma velha."

A expectativa das moças que frequentavam a igreja era a de conhecer um cara legal, um servo de Deus, para se casar, serem boas donas de casa e cuidar dos filhos. Creio que esse era o nosso grande sonho, a vida que nos cabia.

Passar minha adolescência e juventude inteira num ambiente de desconfiança quanto ao meu caráter e intenções teve reflexos na pessoa que me tornei. Sou insegura, sempre me achando inadequada.

Hoje eu lido melhor com tudo isso. Hoje enxergo o peso nefasto da religião. Veja bem, eu digo "religião", que é diferente de Jesus. Jesus não é assim.

Quando Daniel chegou à igreja, logo nos sentimos atraídos um pelo outro. Ele era dez anos mais velho que eu: tinha

---

[2]A história de Jezabel se encontra no livro de 1Reis, no Antigo Testamento.

28 anos e, eu, 18; era bonito, uns olhos verdes, grandes. Não demorou para se aproximar. Ficamos amigos e em seguida começamos a namorar. Dali até nos casarmos levou apenas nove meses.

No começo do nosso relacionamento, ele era carinhoso, atencioso. Começou a agir diferente à medida que a data do casamento se aproximava. Tornou-se agressivo, ríspido; eu estranhei, mas não era nada que me fosse incomum. Cresci vendo minha mãe ser maltratada e agredida fisicamente pelo meu pai; ele batia em mim e nos meus irmãos. Eu já estava acostumada.

Os irmãos da igreja diziam que Daniel se convertera e "fora liberto" da homossexualidade. Ele às vezes comentava publicamente que Jesus tinha transformado a sua vida e que agora ele era um homem — um homem de Deus. Na época, nem dei muita bola para essas histórias, já que logo ele começou a me paquerar, e eu pensava: "Imagina, ele, um homossexual." Eu era tão tola. Dizia: "Ele se converteu, Deus o libertou, é isso que importa."

Certa vez nós brigamos e ele sumiu da igreja. Por duas semanas, ficou sem dar notícia. O pastor me chamou em seu gabinete e me contou que Daniel viera procurá-lo, para se aconselhar. "Ele está desviado. Foi a um bordel, esteve com várias mulheres, parecia meio perdido. Disse que o namoro com você era a causa de seus tormentos, que você o faz sofrer, não o obedece, não o entende."

Era responsabilidade minha o fato de Daniel estar afastado da "comunhão com os irmãos". Eu precisava ser uma namorada mais amorosa e submissa.

"Ele falou que saiu da igreja por culpa sua." Senti minha garganta fechando. Muda, acreditei no que ele dizia. "Preciso

MARINA, 52 ANOS, BANCÁRIA, CASADA, UMA FILHA

ajudá-lo, tirá-lo do mundão, ele não tem mais ninguém", era o que passava pela minha cabeça.

Na mesma semana, eu me arrumei e fui até o seu trabalho, para conversarmos. Voltamos a namorar em seguida. Daniel voltou para a igreja mais convicto e mais "crente" do que nunca. O que aprendia nos cultos sobre o papel do homem no casamento e na família reafirmava suas atitudes autoritárias e machistas. "O homem é o cabeça da mulher, ele é o chefe do lar, a mulher deve sempre submeter-se ao marido, honrá-lo, obedecê-lo. Ele tem a última palavra."

Se a mulher não se sujeita, é considerada uma rebelde, e a rebeldia, para Deus, é como o pecado da bruxaria. Eles citavam 1Samuel 15:23, que diz assim: "Pois a rebeldia é como o pecado da feitiçaria, e a arrogância como o mal da idolatria."

De uma hora para outra você pode ser vista como uma bruxa, simplesmente porque ousou questionar alguma coisa que o seu marido falou.

Daniel controlava meus passos: das roupas que eu usava até as minhas amizades. Eu não podia fazer nada sem antes consultá-lo. Quando os jovens da igreja combinavam de sair, ou havia algum encontro de louvor, eu não podia ir se ele não fosse.

A igreja não proibia a mulher de usar calça jeans, mas até com isso ele implicava. Acho que marcava o meu corpo, e ele não gostava. "Prende o cabelo hoje, porque tem vigília." "Solta o cabelo, porque fica melhor com essa saia." Eu não achava esses gestos abusivos, não. Achava normal. Para mim, eram demonstração de ciúme, e quem tem ciúme é porque ama demais. Na verdade, eu nem sabia na época o que significava "relacionamento abusivo".

Nós nos casamos e fomos morar numa casinha bem perto da minha sogra. Foi quando percebi como eles eram grudados um no outro: ele não saía da casa dela. É filho único, e eles têm um vínculo muito forte — ela o domina absolutamente.

Quando nossa filhinha nasceu, uma tia dele veio nos visitar e me falou, num canto da casa, para ninguém ouvir: "Não permita que sua sogra faça com sua filha o que fez com Daniel. Desde criança ela o controla, não o deixava brincar na rua, sair com amigos. Ela vai querer controlar a neta também."

Era uma vida vigiada. Se precisasse ir ao mercado, tinha que telefonar para ele antes: "Faltou alho. Vou na vendinha para comprar." Não, não estou brincando.

Ele não gostava que eu visitasse parentes nem que convidasse as irmãs da igreja para ir lá em casa. Lembro-me de um vizinho que um dia me viu na janela e perguntou para outro vizinho: "O que acontece com aquela moça, que nunca sai de casa? Ela vive presa. O que será que estão fazendo com ela?"

■■ ■■

Todas aquelas meninas da igreja viveram esse tipo de repressão. Os rapazes iam à frente, eles davam as cartas. Não me lembro de nenhuma que se rebelasse.

Eu não tinha noção de que a vida poderia ser de outro jeito. Essa mesma pergunta que você me faz hoje [por que ficar nesse relacionamento?], eu mesma me fiz muitas vezes; e ainda me faço. Na minha cabeça, era tudo normal.

Hoje, mais madura, entendo que Daniel já tinha uma predisposição a ser uma pessoa má, e foi cair num ambiente

MARINA, 52 ANOS, BANCÁRIA, CASADA, UMA FILHA

que reafirmava o que ele tinha de pior: a ira, a brutalidade. Que o ensinava a ser durão com as mulheres, senão elas "sobem em cima". O resultado foi esse desastre.

Às vezes, ao me recordar do seu jeito de me olhar quando me agredia ou me torturava psicologicamente, me vem a letra daquela música "Camila, Camila":

> *Havia algo de insano naqueles olhos,*
> *Olhos insanos*[3]

Um dos piores momentos foi logo que nossa filhinha, Elis, nasceu. Após o parto, era como se toda a energia do meu corpo tivesse sido sugada. Eu não parava em pé. No hospital, em vez de contar para a médica o que se passava, fiquei quieta. Só queria voltar para casa.

Mal tinha força para amamentar a bebê. Não tomava banho; fiquei jogada na cama vários dias. Minha vizinha me ajudava, dava banho na nenê, trocava-a. Quando Daniel estava em casa, ele cuidava dela ou a levava para a casa da minha sogra e lá ficava. E eu ali, jogada na cama.

Qualquer ser humano enxergaria que havia alguma coisa errada, que eu precisava de ajuda, de médico. Mas ele me via naquele estado e dizia: "Por que você não sai dessa cama? Minhas primas depois de terem nenê a essa altura já estavam arrumando a casa, cozinhando, lavando roupa. E você aí — preguiçosa." "Sinto uma fraqueza, uma vontade de chorar", eu respondia. "É preguiça. Sai dessa cama." "Você está enorme. Já viu o tamanho dos seus peitos? Você parece uma vaca."

---

[3]Canção "Camila Camila", do grupo Nenhum de Nós. RCA Victor, 1987.

Durante dez dias ouvi esses desaforos. Eu deveria ter gritado, pedido socorro aos vizinhos, mas me sentia muito mal.

No sábado, comecei a suar frio, sentia calor e tinha arrepios. Ele viu e foi chamar a mãe. Voltaram com um termômetro. Quando olhou para a temperatura, a expressão do rosto dela mudou. "Melhor levar na farmácia."

O farmacêutico mandou-nos direto para o hospital. Eu estava com mais de 40 graus de febre. No hospital, logo me puseram numa maca. O médico me examinou; chamou outro médico, que perguntou para o Daniel se eu sofrera algum incidente em casa, uma queda.

Ele examinava meu corpo: acho que procurava marcas de agressão. Desconfiou: "Sabe o que acontece, seu Daniel? Quando a mulher está em resguardo, ela fica muito sensível; está se recuperando do parto. Ela precisa de descanso e muitos cuidados."

O diagnóstico foi uma mastite: meu peito estava todo inflamado. Minha mãe morava longe. Eu não tinha telefone em casa, nem ela. Quando veio me visitar, ela se assustou com a minha aparência meio esverdeada. Tomei muito antibiótico até recobrar o ânimo e poder cuidar da casa e da minha filha.

▪▪ ▪▪

Ele era o provedor — não deixava faltar nada. Mas eu queria ter autonomia financeira, e decidi fazer um curso de corte e costura para trabalhar em casa. Comprei uma máquina e comecei a produzir e vender roupinhas de criança, moletons, lingerie. Nos dias de ir ao Brás para comprar tecidos, ele pegava um papel e anotava: "Você vai sair daqui às nove,

MARINA, 52 ANOS, BANCÁRIA, CASADA, UMA FILHA

deve chegar lá umas dez, vai fazer suas compras por umas duas horas, esperar o ônibus para voltar. Acho que até duas horas da tarde você deve estar de volta. Às duas eu quero você em casa."

Eu obedecia, cumpria a escala sem vacilar. Se o ônibus demorasse e eu percebesse que poderia me atrasar, começava a tremer. Na igreja, ninguém sabia de nada disso. Eu não me abria, tinha medo de ele descobrir e descontar em mim.

Aprendi ali que o casamento é um voto que você faz, com Deus e com o seu marido, e que ninguém pode desfazer. Quando me ocorria me separar dele, eu me lembrava deste princípio: casamento é para sempre.

Minha mãe me levou à igreja dela, para eu me aconselhar com o seu pastor. Nessas igrejas, o pastor é a referência maior, o alicerce. As pessoas têm uma dependência muito grande dele.

Ele parecia compreensivo: me ouviu, se solidarizou. Mas, ao final da conversa, disse: "Minha filha, o certo mesmo era você se separar dele. Mas eu não posso te recomendar isso, porque, se o fizer, vou para o inferno. E você vai também."

Sinceramente, eu não acreditava que iria para o inferno se me separasse. Mas de uma coisa eu tinha certeza: aquilo desagradaria a Deus. E isso eu não tinha coragem de fazer.

■■ ■■

Lembro-me de uma noite em que Daniel quis levar a nenê à casa da mãe dele. Eu lhe disse: "A menina já mamou, está quietinha no berço, pronta para dormir. Não é hora de sair com ela." Para ele, essa resposta era uma insubmissão. E ele me olhava com aqueles olhos insanos.

"Veja como você fala comigo, entendeu?" Foi do mesmo jeito. Quando voltou, parou na porta do banheiro. Eu escovava os dentes. Ele me ameaçou: "Presta atenção. Eu vou matar você. Mas não vai ser de uma vez. Eu vou te matar de pouquinho em pouquinho, bem devagar."

De onde saía tanta raiva? Quanto mais eu chorava, mais ele parecia sentir prazer. Minha dor o fortalecia.

⁋⁋ ⁋⁋

Construí tudo o que tenho na minha oficina com o meu trabalho. Sou criativa e gosto de inventar coisas; pego tecidos e crio roupas, enfeites. Em casa, comecei costurando roupinhas para crianças. Aos poucos as vendas foram aumentando.

Meu trabalho me ajudou demais. Por um tempo. Vendi muito para lojas de rua, depois para shoppings. A máquina de costura me salvou em muitos aspectos, até que Daniel a vendeu. Acho que eu estava indo bem demais, e isso o incomodou.

⁋⁋ ⁋⁋

Uma amiga da igreja com quem eu finalmente tive coragem de me abrir me convenceu a ir me aconselhar com a esposa do pastor. Contei tudo para ela: que não suportava mais as agressões, que ele estava cada vez mais violento e eu não sabia como agir. Pedi ajuda. Ela me ouviu calada, sem demonstrar nenhuma empatia; nem uma oração ela fez. Quando terminei de falar, ela apenas me disse: "Tá bem, minha filha, vamos ver como encaminhar isso."

Alguns dias mais tarde, eu voltava da igreja à noite, a pé, e uma irmã veio correndo atrás de mim. Ela parecia

MARINA, 52 ANOS, BANCÁRIA, CASADA, UMA FILHA

assustada, e falou rapidamente: "Marina, a mulher do pastor contou para o seu marido tudo o que você disse pra ela, e eles estão pensando num jeito de tirar a menina de você. Seu marido disse pra eles que você está louca, endemoninhada, que não tem condição de cuidar da nenê porque tem ataques nervosos, do nada. Ele 'envenenou' os dois. Vai embora, Marina. Você está num ninho de cobras."

Nunca me esqueço do que senti naquela noite. Eu estava a meio caminho de casa, sozinha, no escuro; olhava para trás e ali ficava a igreja; olhava para frente, a minha casa, e eu não pertencia a nenhum daqueles dois mundos. Não havia um porto seguro, nem um esconderijo. Eu não tinha para onde correr.

Respirei fundo e pedi ajuda para Deus. Orei intensamente: "Espírito Santo, me ajude! Senhor, venha comigo! Senhor, me proteja." Começou então a pior fase da minha vida conjugal. Daniel estava enfurecido. E contava com a retaguarda dos pastores.

■■ ■■

Todas as vezes em que busquei ajuda naquela igreja, fui tratada com menosprezo ou recebida com os preceitos de uma religião cruel. A letra morta.

Ao perceber que minha situação se tornara insustentável, mudei de igreja. Pensei comigo: "Aqui será minha última tentativa."

Marquei um horário com o novo pastor e despejei sobre ele toda a minha história. Lembro-me desse homem de Deus com muito carinho. Pela primeira vez, alguém me ouviu e fez a diferença. Ele foi uma bênção na minha vida.

Quando terminei de falar, ele olhou bem dentro dos meus olhos e me falou palavras que eu nunca esquecerei: "Marina, eu acredito no que você está me contando. Quero que você se levante, e eu vou fazer uma oração por você. Vamos pedir a Deus e ele lhe dará força para que você comece a reescrever sua história a partir de hoje."

"Senhor," ele orou, colocando a mão sobre a minha cabeça, "eu sou falho; não conheço bem esta jovem, mas o Senhor a conhece; o Senhor conhece o seu coração e todas as suas dificuldades. Senhor Deus, peço que, quando ela sair daqui nesta noite, a vida dela comece a ser transformada."

Ele fez essa oração numa quarta-feira. Na quarta-feira seguinte eu assinei o documento da separação de corpos. Creio que aconteceu um milagre.

Meu relacionamento com meu marido já estava totalmente desgastado. Nós havíamos falado algumas vezes em nos separarmos, mas ele dava de ombros. Alguns dias depois daquela prece, entretanto, ele entrou em casa e disse que agendara um horário para assinarmos o papel.

Naquela mesma semana, outra novidade me deixou ainda mais animada: uma empresa de segurança me chamou para uma entrevista, e em seguida me contratou para uma posição na qual eu ganharia três vezes mais do que eu fazia com as roupas.

Por algum tempo ainda morei próximo da casa dele, porque dependia do apoio para minha filha enquanto eu trabalhava. Mas logo que tive condição financeira, eu me mudei para um bairro distante.

■■ ■■

Reconstruí minha vida aos poucos. Voltei a estudar, fiz supletivo, faculdade, MBA. Deus me deu o dom de negociar,

MARINA, 52 ANOS, BANCÁRIA, CASADA, UMA FILHA

de vender. Entrei no banco; ali cresci profissionalmente. Comprei minha casa, onde moro hoje, e tenho outras três casinhas que eu alugo.

Meu segundo casamento tem altos e baixos, mas meu marido é carinhoso e me apoia sempre que preciso. Não tem mais essa coisa de quem manda, quem lidera. Um cuida do outro; é assim que a gente vive. E isso é muito bom.

A igreja que frequentamos hoje me livrou de várias cegueiras; me mostrou a diferença entre a religião morta e o caminho com Jesus, que é vida.

Durante toda a minha jornada, uma frase da Bíblia me acompanhou. Nos momentos mais duros, eu ouvia Jesus falar ao meu coração: "Marina, no mundo você terá aflições, mas tenha bom ânimo, eu venci o mundo. Não a deixarei órfã." Eu ainda o ouço soprar isso no meu ouvido de vez em quando.

Se eu tivesse que aconselhar, hoje, uma moça com o meu histórico de abuso, eu diria apenas: separe-se. Eles não mudam. Eu acredito muito no poder de Deus, mas esses caras não mudam nunca.

Separe-se e trabalhe; acorde cedo, vá às agências, peça para amigos te ajudarem, nem que seja uma vaga que pague pouco. Não faz mal, o importante é trabalhar.

Guarde um pouco todo mês. Com a ajuda de Deus e de amigos verdadeiros, erga a cabeça e siga adiante.

Você consegue. Eu consegui. Veja como é linda a vista aqui da minha varanda.

5

SELMA,
ENGENHEIRA,
CASADA,
DOIS FILHOS
PEQUENOS

A arte de se esvaziar
é simples
acredite quando eles dizem
que você não é nada
vá repetindo
como um mantra
eu não sou nada
eu não sou nada
eu não sou nada
tão concentrada
que o único jeito de saber
que você ainda existe é
o seu peito ofegante[1]

RUPI KAUR

A vida da minha mãe foi uma grande mentira. Para cada pessoa, ela era uma mulher diferente. Na igreja, era a esposa exemplar do pastor, dedicada aos outros, prestativa. Em casa, falava mal dele, chamava-o de bruto, de pão-duro.

Minha mãe não saía da igreja. Mas eu não via Cristo na vida dela. Na velhice, após a doença, ela mudou um pouco. Talvez tenha se convertido de verdade, quem pode dizer?

No fundo, sinto que ela odiava meu pai. Dava calmante pra ele, sem ele saber: colocava no suco, no chá. Ele não

---

[1] Rupi Kaur, "A arte de se esvaziar", poema do livro *Outros jeitos de usar a boca*. Planeta, 2017, p. 33.

SELMA, ENGENHEIRA, CASADA, DOIS FILHOS PEQUENOS

podia tomar remédio forte, tinha problemas cardíacos. Mas ela fez isso várias vezes.

O que minha mãe queria mesmo era acabar com ele. Mas ela se foi primeiro.

Eu aceito a sua morte.

■■ ■■

Nos fins de semana, quando meu pai viajava para pregar em outras cidades, ela encontrava o amante. Ele chegava em casa na sexta à noite e ficava até domingo. Meus irmãos e eu éramos pequenos; a gente achava que o rapaz era um amigo dela. Não entendíamos ainda o que se passava. Só depois de adulta, ao lembrar de algumas cenas, eu compreendi.

Era uma mulher incoerente. Em casa, na presença dele, e na igreja, ela se submetia a ele. Mas era uma falsa submissão.

Quando eu tinha 35 anos, liguei para ela e pedi para termos uma conversa. Senti que ela estava envelhecendo, que eu estava envelhecendo. Eu tinha que pôr para fora o que havia no meu peito. Se esperasse mais, poderia ser tarde.

Liguei e pedi que viesse à minha casa: "Precisamos conversar", eu disse.

Fui direta. Disse que me lembrava de fatos marcantes da minha infância, de ocasiões, gestos, roupas. E tinha enxergado algumas coisas que antes não me eram nítidas.

"Conheço a dinâmica de um casal, mãe; sei como as coisas funcionam. Sou uma mulher, não minta mais para mim. Quero dizer que eu a perdoo", eu disse. "Sei que o fulano era seu amante."

"Amante?" Ela negou. Três vezes, como Pedro.

"Não precisa mais fingir", insisti. "Sei o que significa um homem andando de cueca pela casa, depois do cochilo de sábado à tarde."

Ela olhou para seu relógio de pulso e disse: "Está vendo este relógio? Foi ele quem me deu." E começou a divagar.

"Ele me dava carinho, atenção", ela disse. "Levava presentes. Mas um dia eu percebi que ele estava mais interessado em você do que em mim. Lembra? Lembra quando eu entrei no seu quarto e o vi ali, do seu lado na cama, te acariciando. Naquele dia eu o expulsei de casa e nunca mais quis saber dele."

Ela tinha 75 anos quando tivemos essa conversa.

"Era sobre isso que você queria falar comigo?", ela me perguntou.

Antes de ligar para ela, eu imaginara uma aproximação, uma conversa íntima, desabafos. Nessa conversa, minha mãe finalmente me contava seus segredos, chorava arrependida, me pedia perdão. Ela me abraçava e, constrangida, passava a mão no meu rosto, sorrindo. Criei uma expectativa enorme para esse encontro.

Mas tudo o que ela disse foi: "Pus uma pedra em cima de tudo isso; não quero mais falar." Levantou-se e foi lavar a louça, emburrada.

Não derramou uma lágrima.

Não acreditei. Fiquei muda.

Respirei fundo e perguntei: "Posso te dar um abraço?"

■■ ■■

Nos dois dias seguintes, tive febre alta, fiquei de cama. Um mal-estar provocado por aquele encontro tão intenso. A dor de vê-la cauterizada pela vida, sem expressar

SELMA, ENGENHEIRA, CASADA, DOIS FILHOS PEQUENOS

arrependimento, sem ser capaz de um gesto de carinho. Chorei muito, muito.

Foi só depois daquela tarde que entendi que eu precisaria aprender a amar minha mãe independentemente de tudo o que ela fizera. Ela não sabia amar, porque ela não recebeu amor. A gente só dá o que recebeu.

Ter a oportunidade de falar sobre isso é motivo de cura para mim; sei que Deus vai me mostrando as coisas aos poucos e me libertando aos poucos, e isso me alivia.

Se eu pudesse fazer uma pergunta para ela hoje? Eu gostaria de saber quem ela era de verdade. De verdade. É triste pensar que eu não sei quase nada sobre quem minha mãe foi de verdade. O tamanho da sua dor.

Tudo que sei é que a mãe dela morreu no parto e o pai se foi quando ela tinha apenas treze anos. Foi criada por parentes.

Quando conheceu meu pai, numa reunião de família, ele ainda não era pastor, era mecânico. Só se converteu depois de casado, quando já tinha três filhos. Quando eu nasci, ele já era pastor.

Meu pai era um homem agressivo; lidava conosco à base da força; dizia que tínhamos que o obedecer porque estava escrito na Bíblia. Sempre usou a Bíblia como justificativa para nos atacar, inclusive fisicamente. Ele supria o lado material, mas o suprimento de amor, de carinho, de respeito, de incentivo, de segurança — isso nunca nos deu. Não consigo me lembrar de receber um afago, um toque, nada.

Todos os dias, antes de tomarmos café ou de almoçarmos à mesa da cozinha, ele pregava para nós. Todo santo dia. Tínhamos fome, mas não podíamos comer antes da

Palavra. "O alimento para o espírito é mais importante", dizia ele.

Citava versículos: "Filhos, obedecei a vossos pais. Mulheres, sejam submissas ao marido." Ensinava com rigidez, de um jeito autoritário. Ele batia nos meus irmãos. Com cinta, com chinelo. Em mim, nunca bateu.

Meu irmão mais velho casou-se muito cedo só para sair de casa; o segundo saiu para fazer seminário. Somos cinco no total.

Para manter a família unida, minha mãe aguentava. Mas de vez em quando ela erguia a voz — para defender os filhos, ou como quando eu quis fazer faculdade em outra cidade, e ele não queria deixar.

"Vai para a Babilônia", dizia ele. "Sodoma e Gomorra."

"Ela vai e você vai ajudá-la, senão vou fazer um escândalo na igreja."

Quando o curso começou, ele me levou de moto, me largou numa avenida da cidade, um lugar que eu nem conhecia.

O preço que ela pagou por guardar tanta raiva no coração, durante tantos anos, foi o câncer no esôfago. É o que eu acredito. É um câncer que dá em quem bebe e fuma muito, mas ela nunca bebeu nem fumou. O veneno consumiu-a por dentro, o rancor. Ficou tudo parado ali, no pescoço.

Depois que me casei, comecei a ter sonhos estranhos e a me lembrar de cenas do passado. Foi nessa época que me veio à mente o que se passava em casa quando eu era pequena.

Eu já trabalhava num hospital, e havia ali uma área externa de apoio, muito parecida com o quintal da casa dos

SELMA, ENGENHEIRA, CASADA, DOIS FILHOS PEQUENOS

meus pais. O piso de cimento queimado, as paredes brancas, tudo lembrava o local onde aquele homem me tocou várias vezes, onde fui abusada. Eu tinha seis, sete anos quando isso aconteceu.

Toda vez que entrava naquela parte do hospital eu sentia uma angústia, me dava "uma coisa" por dentro. Não entendia por quê.

Então começaram os sonhos. Eu acordava sobressaltada — sonhava que eu era criança e estava em casa; o rapaz chegava e eu me escondia atrás de uma cortina. Aos poucos, as lembranças daquelas situações horríveis foram voltando.

Certa vez, eu estava na sala de apoio do hospital e o senhor da manutenção entrou, segurou meu braço com força e me perguntou se estava tudo bem. Eu me assustei, comecei a chorar e corri para o banheiro. Vomitei muito. Uma enfermeira me viu e perguntou o que estava acontecendo, quis saber se eu estava grávida. Eu chorava sentada no chão.

Levaram-me para a enfermaria, me deram um calmante, uma amiga veio me buscar. Levou-me para a casa dela e me disse que eu precisava ver um psicólogo com urgência.

Foi durante a terapia que eu entendi que o quintal me remetia ao lugar do abuso. E que a voz do senhor da manutenção era a voz do abusador.

Eu nunca havia contado isso tudo de forma contínua; isso, para mim, é uma reconstrução, e está me fazendo bem. Eu fui muito exposta quando era pequena.

■■ ■■

Eu já era casada havia muitos anos quando nos mudamos para São Paulo e conhecemos em nossa igreja o

Celebrando a Recuperação. É um grupo terapêutico que se reúne uma vez por semana na igreja. Veja como são as coisas — resolvi participar, achando que eu poderia ser usada por Deus para ajudar as pessoas. Eu não achava que eu mesma é quem precisava de ajuda.

No Celebrando, minhas feridas não curadas vieram à tona. Entendi que sou fruto de uma família totalmente disfuncional, de muitos abusos, físicos e psicológicos.

Ouvi a história de outras pessoas com sofrimentos psicológicos graves, que se abriam durante as reuniões, num ambiente de respeito e acolhimento, e isso me fez muito bem.

Falar da minha história, poder reconstruí-la e, enfim, aceitá-la foram passos importantes num processo de autoconhecimento e de cura.

***

Creio que passar por tudo o que passei fez de mim uma mãe mais atenta. Temos muito cuidado com nossa filha, com sua exposição física e emocional. Ensinei-lhe que ninguém tem o direito de tocar seu corpo intimamente. Sabemos na casa de quem ela pode ou não pode dormir.

Meu marido é um pai amoroso, incentivador. O que me atraiu nele? A inteligência. Ele me passa tranquilidade, segurança. Gosto de conversar com ele, admiro o jeito como trata as pessoas, com tanta gentileza. Fui criada num ambiente agressivo, de gritos e falas duras. Meu marido me mostrou que eu não precisava aumentar a voz quando quisesse discutir com ele. Com calma, ele me fez ver que podíamos conversar sem nos exaltarmos.

Foi o que me encantou nele — simplicidade, humildade, respeito.

SELMA, ENGENHEIRA, CASADA, DOIS FILHOS PEQUENOS

[Selma chora muito nesta parte do relato]

Submissão, para mim, é não tomar sozinha decisões que são importantes para a família toda. Posso decidir muitas coisas sem a opinião dele, mas, o que for relevante para nossa dinâmica familiar, creio que devemos decidir juntos. Eu me submeto à sua opinião, porque somos uma família.

●● ●●

Nunca tive a oportunidade de ter uma conversa honesta sobre todas essas lembranças com meu pai. Senti vontade, mas ele não tem condição de ouvir a minha história.

Ele já tem 90 anos, é paciente cardíaco; sei que faria mal a ele. Mas nosso relacionamento hoje é muito bom.

Minha cura me capacitou a perdoá-lo. Eu perdoei meu pai.

6
JOGUEM A BOIA

> *Você pode não ter deixado*
> *(muitas) manchas roxas*
> *na minha pele,*
> *mas deixou manchas*
> *roxas escuras gigantes*
> *por toda a*
> *minha alma.*
> *— ainda me pergunto quem eu deveria ter sido.*

AMANDA LOVELACE[1]

Conviver com o amante em casa, na presença dos filhos pequenos, parece a vingança inconsciente de uma esposa que experimentou um alto grau de humilhação e vergonha. "Ela foi tão abusada por esse marido pastor, que se sentia no direito de retaliar. Para ela, sacrificar-se ao lado de um homem rude e autoritário lhe permitia ser malvada como ele", analisa Roseni Welmerink, diretora nacional do Celebrando a Recuperação, o programa terapêutico no qual Selma encontrou apoio psicológico e uma escuta acolhedora, que lhe ajudaram a superar seus traumas.

Criado nos Estados Unidos nos anos de 1990, o CR, como é conhecido, tem sido um importante ponto de encontro e de tratamento para mulheres que, como ela, passaram por situações de abuso físico ou psicológico,

---

[1]Amanda Lovelace, *A princesa salva a si mesma neste livro.* Leya, 2017, p. 49.

ou que lutam contra maus hábitos e compulsões de toda natureza — drogas, remédios, compras, comida, sexo. Com base no método dos 12 passos utilizado pelo Alcoólicos Anônimos, mas com fundamentos cristãos, o grupo oferece um ambiente seguro e de sigilo no qual as pessoas podem se abrir a respeito de seus vícios e dificuldades.

O programa foi fundado na Califórnia, por John Baker, um cristão que lutava contra o alcoolismo e frequentava o AA. Em 1991, Baker teve a ideia de começar um trabalho semelhante, porém "cristocêntrico", em sua comunidade de fé, a Saddleback Church, uma megaigreja batista liderada pelo pastor e autor *best-seller* Rick Warren, que escreveu, entre outros sucessos, *Uma vida com propósitos*.

O método do CR é utilizado por 35 mil igrejas em cerca de 80 países e já beneficiou mais de 5 milhões de pessoas. No Brasil, está em cerca de 700 igrejas. O ministério teve início em Fortaleza (CE), na Igreja Batista Central, com Nelson e Roswitha Massambani. Em seguida, foi levado a São José dos Campos (SP), por Carlito Paes, pastor sênior da Igreja da Cidade.

Em seu trabalho, Roseni conheceu muitas mulheres feridas por parceiros violentos. Curiosamente, várias delas chegavam às reuniões com o intuito de ajudar o companheiro, acreditando que o problema era exclusivamente dele. "Na cabeça dela, é sempre o marido, o abusador, quem está doente. Ainda não entendeu que provavelmente ela está reproduzindo a vida ao lado de um algoz e que esse algoz representa alguém — o algoz pai, o algoz tio, ou mesmo a mãe. Mas ninguém no grupo vai dizer para ela sair do relacionamento. Ela tem que chegar a essa conclusão sozinha."

Uma das regras do programa é não dar opiniões sobre as partilhas. "Não devo ouvir os depoimentos usando de conhecimento teológico ou intelectual, mas sim fazer a escuta com o coração. Estou ali para ouvir e para me ouvir", ela explica. Outra norma é que cada pessoa pode falar de três a cinco minutos no máximo, sempre em primeira pessoa. "Anonimato é regra áurea", diz Roseni. O que é dito nos encontros deve ficar ali: "Ninguém deve dar conselho, ninguém pergunta nada depois."

Outra preocupação é com o vocabulário: "Palavras contam! Uma pessoa compartilha, em um grupo, que caiu na tentação da compra compulsiva porque havia em tal loja tantas bolsas de tal marca e por tal preço — no dia seguinte haverá outros compulsivos comprando as mesmas bolsas na mesma loja."

Roseni concorda com a ideia de que algumas mulheres se submetem a casamentos ou namoros violentos por ter "ganhos secundários" com a situação, o que ela chama de "o conforto daquilo que nos é conhecido, e que nos leva a voltar para a jaula". É necessário um trabalho multidisciplinar para que elas consigam enxergar sua realidade e ter coragem de escapar.

No entanto, o tempo para atingir essa "iluminação" depende de cada experiência. "Demora a entender que ela tem recursos e pode viver de outro jeito, que ela não precisa ficar presa em sua cela. O Celebrando dá esse apoio, pois a pessoa precisa de amigos que a acompanhem nesse processo, que caminhem com ela."

"É como um náufrago", ela ilustra, "que se agarra a um pedaço de madeira, para não se afogar. Alguém grita de longe: "Solte a madeira, vou lhe jogar uma boia!", mas ele não solta, porque tem medo de não conseguir nadar até a boia. O Celebrando leva a boia até ele, até que se sinta seguro e tenha condição de soltar a madeira".

Roseni acredita que o CR cumpre um papel de cura que está na essência do Evangelho de Cristo: "Muitas igrejas perderam essa vocação, não dispõem de um lugar onde se possa conversar sobre as questões pessoais mais profundas. O Evangelho se elitizou, virou um clube de *networking*, no qual todos têm o mesmo nível socioeconômico e a mesma ideologia política. Perdemos um pouco o sentido do que é ser igreja."

O objetivo principal dos grupos, segundo Roseni, é levar as pessoas compulsivas a identificar a dor profunda que as leva à compulsão. "A compulsão é sempre um sintoma. Se não curar a dor, você pode parar de beber, mas vai começar a comer compulsivamente. Você para de comer e começa a comprar. Para se tornar a protagonista de sua própria história, é necessário conhecer esses processos, tratá-los até perceber que você não precisa mais daquilo. Isso leva tempo."

Muitas desistem antes da hora, porque não suportam esse confronto: "Elas não aguentam. E têm as que 'precisam' de um abusador, alguém para 'salvar'. Teve uma mulher que orou dez anos para o marido parar de beber, até que ele parou. Um ano depois, ela se divorciou dele. Ela precisava de um doente para cuidar. No momento em que ele melhorou, parou de bater nela, ela o estranhou. Esse tipo de mulher só se sente valorizada se estiver cuidando de alguém."

Já outras, ao se darem conta de que estão conquistando esse protagonismo, saem do programa. "Elas começam a perceber que esse despertar vai fazer com que a relação seja rompida, e não estão dispostas a fazer essa ruptura. Isso acontece muito. Elas optam por permanecer no abuso."

Para Roseni, trata-se de escolher a menor dor. "Isso também acontece com homens, mais do que a gente imagina. No caso, ele perpetua o abuso emocional recebido da mãe, que o criou com palavras que o diminuíram — 'você não vale nada', 'você é um zero à esquerda'. Esses homens também chegam muito fragilizados ao programa."

Ao ser questionada a respeito de os ensinos bíblicos sobre submissão feminina poderem reforçar o papel de mulher sofredora ou vitimizada, a diretora explica: "Depende sempre de quem está ensinando. Se um homem machista lê os textos relativos a esse tema, vai ensiná-los de forma machista. Se for um homem equilibrado, será diferente. Mas vamos olhar com atenção algumas passagens bíblicas", ela convida.

"Há muitos exemplos de mulheres fortes no Antigo Testamento: Sara, Raquel, Débora, Abigail, Ester, Rute; e no Novo Testamento também: Priscila, Maria Madalena, Maria de Betânia. Se tem um lugar em que a mulher é respeitada, esse lugar é na Bíblia."

Um dos exemplos que a impressionam é o de Abigail, cuja história está descrita no livro de 1Samuel, no Antigo Testamento. Uma mulher inteligente e bonita,

JOGUEM A BOIA   89

segundo a narrativa, casada com Nabal, um homem muito rico,[2] dono de milhares de ovelhas e cabras, mas que a Escritura qualifica como "rude e mau", a ponto de ser impossível dialogar com ele.[3]

Alguns empregados de Nabal conduziam o seu rebanho muitas vezes pelo deserto de Parã, onde foram protegidos por Davi e seus soldados. Davi já tinha sido ungido para ser o próximo rei de Israel, no lugar de Saul. Mas Saul, sentindo-se ameaçado, o perseguia, o que levou Davi a se refugiar nesse deserto, próximo de onde hoje fica a Jordânia, acompanhado por um pequeno exército de "dissidentes".

Sabendo que Nabal era um homem de grandes posses, Davi envia mensageiros até ele para saudá-lo, para contar que haviam cuidado de seus servos enquanto estes pastoreavam e para pedir-lhe alguns suprimentos. O prepotente fazendeiro, contudo, despreza-os e ofende o próprio Davi ("Quem é Davi?"), recusando-se a ajudá-los. Essa atitude mesquinha enfurece o futuro rei de Israel, que decide vingar-se, preparar quatrocentos soldados e partir para atacar a casa de Nabal.

Quando Abigail fica sabendo do que estava para acontecer, ela teme e põe em ação uma estratégia que acaba por evitar um banho de sangue. Ela demonstra, assim, coragem e perspicácia.

A esposa de Nabal reúne mantimentos:

> duzentos pães, duas vasilhas de couro cheias de vinho, cinco ovelhas preparadas, cinco medidas de grãos

---

[2] 1 Samuel 25:2-3.
[3] Ibid. verso 17.

torrados, cem bolos de uvas-passas e duzentos bolos de figos prensados.[4]

Além disso, carrega uma tropa de jumentos, chama alguns servos e sai ao encontro de Davi e seus homens. Ao deparar-se com o batalhão, Abigail desce do jumento e se prostra diante do futuro rei. Ela cai a seus pés e diz: "Meu senhor, a culpa é toda minha. Por favor, deixa a tua serva lhe falar e ouve o que ela tem a dizer." Abigail faz um longo discurso, responsabilizando-se pelo mal-entendido com seus soldados e reconhecendo a insensatez do marido.

> "Meu senhor, não dês atenção àquele homem mau, Nabal. Ele é insensato, conforme o significado do seu nome; e a insensatez o acompanha. Contudo, eu, tua serva, não vi os rapazes que meu senhor enviou. Agora, meu senhor, juro pelo nome do SENHOR e por tua vida que foi o SENHOR que te impediu de derramar sangue e de vingar-se com tuas próprias mãos. Que teus inimigos e todos os que pretendem fazer-te mal sejam castigados como Nabal. E que este presente que esta tua serva trouxe ao meu senhor seja dado aos homens que te seguem. Esquece, eu te suplico, a ofensa de tua serva, pois o SENHOR certamente fará um reino duradouro para ti, que travas os combates do SENHOR. E em toda a tua vida, nenhuma culpa se ache em ti. [...] Quando o SENHOR tiver feito a meu senhor todo o bem que prometeu e te tiver nomeado líder sobre Israel, meu

---

[4] 1 Samuel 25:18

senhor não terá no coração o peso de ter derramado sangue desnecessariamente nem de ter feito justiça com as próprias mãos. E, quando o SENHOR tiver abençoado a ti, lembra-te de tua serva."[5]

As palavras proféticas e honrosas impressionam Davi, que volta atrás e desiste do ataque.

O final da história é digno de um belo roteiro para Hollywood. Quando Nabal fica sabendo do ocorrido, tem um enfarte e morre após alguns dias. A notícia chega até Davi, que se sente vingado, e pouco tempo depois envia mensageiros à casa da viúva com um pedido de casamento.

> Quando Davi soube que Nabal estava morto, disse: "Bendito seja o SENHOR, que defendeu a minha causa contra Nabal, por ter me tratado com desprezo. O SENHOR impediu seu servo de praticar o mal e fez com que a maldade de Nabal caísse sobre sua própria cabeça." Então Davi enviou uma mensagem a Abigail, pedindo-lhe que se tornasse sua mulher. Seus servos foram a Carmelo e disseram a Abigail: "Davi nos mandou buscá-la para que seja sua mulher."[6]

Em síntese, a sabedoria de Abigail permitiu-lhe livrar-se do vilão e, por tabela, casar-se com o mocinho.

"Essa mulher extraordinária", analisa Roseni, "não permite que a sordidez de seu marido afete o seu caráter,

---

[5] 1Samuel 25:25-31.
[6] 1Samuel 25:39,40.

a sua 'beleza'. Durante toda a história ela mantém sua dignidade e honra. O que me fascina nesse texto é isso: ela mostra que a maldade da pessoa com quem eventualmente tenhamos de viver não deve determinar nosso comportamento, nosso humor, nossas reações. Sua conduta é notada e valorizada pelo futuro rei, a ponto de desejá-la como esposa."

Transportando a história para o século XXI, a diretora do Celebrando a Recuperação avalia que, hoje em dia, a mulher casada com um "Nabal" tem mais facilidade de romper esse tipo de relação. "Mas, se ela decidir ficar, que não perca a sua 'beleza' no processo, que mantenha sua grandeza, e que busque ajuda."

O alvo deve ser sempre, segundo ela, encontrar seu valor intrínseco e sua identidade de filha amada de Deus: "Todas fomos criadas à imagem e semelhança de Deus, criadas pelo Rei dos Reis; é ele quem nos diz que temos valor. Se elas descobrirem quem são de verdade, jamais vão admitir permanecer em uma situação que as coloque em risco, que as envergonhe. O caminho para sair de um relacionamento abusivo é descobrir quem eu sou em Cristo. No momento em que descubro isso, ninguém me segura."

7

CARO PASTOR JOEL[1]

---

[1]Nome fictício — a narrativa é uma transcrição literal do sermão.

"Oh, você não conhece a fundo o coração de um homem, Nora. Para um homem, a sensação de ter perdoado sua esposa é algo indescritivelmente doce e reconfortante… Perdoá-la de verdade, do fundo do coração é como reafirmar a posse que já tinha sobre ela. É como dar-lhe à luz novamente. De certo modo, ela se torna tanto sua esposa como filha. Pois é isto que doravante será para mim, minha pequena indefesa e assustadiça."[1]

HENRIK IBSEN

"Meus irmãos, Deus não fez mulheres para liderarem famílias. Deus não fez mulheres para serem cabeças da casa: isso é injusto, é cruel com as mulheres. Algumas mulheres trabalham o dia inteiro, têm que cuidar dos filhos e do marido, porque por vezes o marido é omisso. Ele chega do trabalho, senta-se no sofá e se desliga. Isso é cruel com as mulheres.

"Deus fez homens para liderar e fez mulheres para auxiliar. Algumas mulheres têm esses três turnos: trabalham fora, cuidam da casa, cuidam do marido e dos filhos, e os pais não participam de nada.

"Nem da disciplina dos filhos os pais participam… Aliás, algumas concessionárias de luz e água aqui em São Paulo já colocam o nome da esposa na conta, porque sabem que o marido não é de confiança.

---

[1]Henrik Ibsen, *Uma casa de bonecas*. Editora Moinhos, 2018.

"É uma inversão total a que vivemos nos nossos dias. Deus não fez a mulher para passar por esse tipo de pressão; Deus fez o homem assim, para ele receber a pressão externa e interna e liderar a família. Muitos casamentos se perdem porque os homens são omissos.

"Mas vamos falar aqui de Jezabel. O ponto aqui são as mulheres.

"Jezabel era mandona. Ela queria liderar e estava liderando mesmo. Muitos casamentos se perdem porque as mulheres querem mandar. Porque as mulheres não respeitam a liderança do marido, não se submetem. Quando a mulher é, na sua solteirice, acostumada a mandar e a dar ordens, é muito difícil ela se submeter ao marido. Quando ela foi criada com muitos mimos, e os pais fizeram tudo que ela queria, é muito difícil ela se acostumar ao casamento, pois o marido vai ter que dizer 'não'; ele não vai executar todos os mimos. É muito difícil ela se submeter à liderança do marido.

"No texto em que Paulo fala sobre a mulher se submeter ao seu próprio marido, ele resume o texto dizendo: 'Não obstante, cada um de per si também ame a própria esposa como a si mesmo, e a esposa respeite o seu marido.'

"A Bíblia ordena que as mulheres respeitem os seus maridos. Deus não vê, meus irmãos, esposas como cabeça. O cabeça é sempre o marido. E a mulher deve respeitar o marido.

"[...] Nos casamentos religiosos, é o pai quem entra na igreja conduzindo a noiva, não é? Ele conduz a noiva até lá na frente e a entrega para o noivo. Aqui você tem uma simbologia de troca de autoridade. O pai está passando a autoridade sobre a filha para o noivo. E a noiva, que agora vai se tornar esposa, deveria se esforçar para tratar o marido com o mesmo respeito com que trata o pai. Esse homem agora será responsável por cuidar dessa jovem, assim como o pai cuidou dela a vida inteira. As mulheres deveriam se esforçar para respeitar seu marido tanto quanto respeitam e respeitaram seu pai.

"Os maridos são os responsáveis agora. O marido, por sua vez, não pode ser um tirano. Ele tem que ter uma liderança amorosa. A Bíblia diz que o marido deve amar a esposa como Cristo amou a igreja e a si mesmo se entregou por ela. O marido deve estar disposto a levar uns tiros, a morrer em favor da esposa, mas a esposa tem que respeitar o marido, porque Deus nos ensina assim."

■■ ■■

Essa é a transcrição de parte de um sermão de 2019, pregado pelo pastor de uma pequena igreja evangélica histórica na zona sul da cidade de São Paulo, sobre submissão feminina, e que está disponível no YouTube. Eu o escolhi por representar o pensamento prevalente nas comunidades evangélicas brasileiras e a maneira como os pastores costumam ensinar as passagens bíblicas que tratam desse assunto.

O pastor Joel lê a carta do apóstolo Paulo à igreja de Éfeso, no Novo Testamento. É um dos textos fundamentais sobre esse tema, com 1Coríntios 11:3; 1Timóteo 2:11-15 e 1Pedro 3:1-2. Com exceção do último, escrito pelo apóstolo Pedro, os demais são de autoria de Paulo. Em Efésios 5, Paulo afirma:

Sujeitem-se uns aos outros, por temor a Cristo.

Mulheres, sujeite-se cada uma a seu marido, como ao Senhor, pois o marido é o cabeça da mulher, como também Cristo é o cabeça da Igreja, que é o seu corpo, do qual ele é o Salvador. Assim como a igreja está sujeita a Cristo, também as mulheres estejam em tudo sujeitas a seus maridos.

Maridos, ame cada um a sua mulher, assim como Cristo amou a igreja e entregou-se por ela para santificá-la, tendo-a purificado pelo lavar da água mediante a palavra, e apresentá-la a si mesmo como igreja gloriosa, sem mancha nem ruga ou coisa semelhante, mas santa e inculpável. Da mesma forma, os maridos devem amar cada um a sua mulher como a seu próprio corpo. Quem ama sua mulher, ama a si mesmo. Além do mais, ninguém jamais odiou o seu próprio corpo, antes o alimenta e dele cuida, como também Cristo faz com a igreja, pois somos membros do seu corpo. "Por essa razão, o homem deixará pai e mãe e se unirá à sua mulher, e os dois se tornarão uma só carne." Este é um mistério profundo; refiro-me, porém, a Cristo e à igreja. Portanto, cada um de vocês também ame a sua mulher como a si mesmo, e a mulher trate o marido com todo o respeito.

Na carta que escreveu aos Coríntios, ele declara: "Quero, entretanto, que saibais ser Cristo o cabeça de todo homem, e o homem, o cabeça da mulher, e Deus, o cabeça de Cristo." (1Coríntios 11:3, AA).

Quando escreve a seu amigo Timóteo, ensina:

A mulher deve aprender em silêncio, com toda a sujeição. Não permito que a mulher ensine, nem que tenha autoridade sobre o homem. Esteja, porém, em silêncio. Porque primeiro foi formado Adão, e depois Eva. E Adão não foi enganado, mas sim a mulher que, tendo sido enganada, tornou-se transgressora (1Timóteo 2:11-15).

O apóstolo Pedro, em uma de suas epístolas, também reforça o conceito. Ele afirma: "Do mesmo modo, mulheres, submetam-se aos seus maridos. Assim, se alguns são rebeldes à Palavra, a conduta de suas mulheres poderá ganhá-los sem palavras, ao notarem o recato cuidadoso da conduta de vocês" (1Pedro 3:1 e 2).

O trecho que destaquei da mensagem do pastor Joel, que foi dividida em blocos no YouTube para facilitar a audiência, tem 5 minutos e 45 segundos. Desse total, ele dedica 15 segundos para falar do dever dos maridos com relação a suas esposas — de amá-las como Cristo amou a igreja e por elas dar a própria vida. Os outros 5 minutos e 30 segundos ele usa para reforçar o padrão de obediência e subordinação que deve ser seguido pela mulher.

No discurso, ele enumera vários problemas que afetam os lares brasileiros: a sobrecarga de trabalho das mulheres que fazem "três turnos", a omissão masculina com relação aos filhos, às finanças da família, o isolamento emocional ("senta-se no sofá e se desliga"), a falta de responsabilidade ("algumas concessionárias de luz e água aqui em São Paulo já colocam o nome da esposa na conta, porque sabem que o marido não é de confiança").

Embora alerte para as graves falhas dos maridos, o pastor insinua que as esposas podem ser responsabilizadas por todos esses problemas, porque estão roubando a "autoridade" do cabeça da casa. Além disso, ele demonstra uma visão rasa e preconceituosa ao observar que, se uma garota foi mimada pelos pais, ela terá problemas no casamento:

> Muitos casamentos se perdem porque as mulheres querem mandar. Porque as mulheres não respeitam a liderança do marido, não se submetem. Quando a mulher é, na sua solteirice, acostumada a mandar e a dar ordens, é muito difícil ela se submeter ao marido. Quando ela foi criada com muitos mimos, e os pais fizeram tudo que ela queria, é muito difícil ela se acostumar ao casamento. Pois o marido vai ter que dizer "não"; ele não vai executar todos os mimos. Muito difícil ela se submeter à liderança do marido.

■■ ■■

No próximo bloco, que tem 5 minutos e 22 segundos, e é chamado de "Conselhos às mulheres", o pastor Joel segue dando dicas para as esposas que desejam ter uma conduta digna do padrão bíblico. Jezabel volta com força nessa parte.

"Primeiro: não seja mandona; seja submissa. Segure o teu ímpeto de mandar na tua casa. Cultive a submissão. A Palavra de Deus diz que: 'Aos olhos de Deus um espírito manso diante do Senhor é de grande valor.' Não seja mandona, seja submissa.

"Segunda aplicação: respeite o teu marido. Nunca repreenda o teu marido em público; isso é humilhante. Se o teu marido precisa de repreensão, chame-o no reservado e, com amor, carinho e respeito, repreenda o teu marido.

"Terceira aplicação: não assuma a liderança da tua casa. 'Mas pastor, o meu marido se omitiu, eu tenho que assumir.' Não assuma. Ajude o teu marido a acordar, a assumir a liderança. Não seja uma Jezabel. Jezabel assumiu a liderança: 'Fica aí na cama, que eu vou resolver.' Anime o teu marido, faça com que ele levante e ele assuma a liderança. Não assuma você; você não foi feita para isso.

"Quarta aplicação: não seja mentirosa. Muitas mulheres, por temor de homens, cometem pequenas mentiras. O que é temor de homens? É quando você teme muito o que as pessoas estão pensando sobre você, o que as pessoas estão falando sobre você; irmãos, nós não precisamos prestar contas para as outras pessoas. Irmãs, vocês não devem nada às mulheres do teu trabalho, da tua vizinhança, da tua família. Vocês têm que prestar contas a Deus.

"Não precisa ficar temendo o que as outras mulheres vão pensar de você. Tema o que Deus está pensando de você. Seja fiel na sua palavra; não minta. Jezabel era uma mentirosa; não se compare à Jezabel. Que da sua boca só saiam palavras verdadeiras e fiéis.

"Quinta e última aplicação: Jezabel instigava o seu marido a fazer o mal. Não seja uma Jezabel. Seja o contrário: que o seu marido seja mais santo porque você é esposa dele. Instigue o teu marido a fazer o bem, a ser um homem mais santo, mais piedoso. Leve o teu marido a ser alguém melhor aos olhos de Deus, o contrário de Jezabel. Assim o teu marido vai poder dizer como o marido diz naquele texto da mulher virtuosa: 'Muitas mulheres procedem virtuosamente, mas tu a todas sobrepujas.' Ele faz um alto elogio porque aquela mulher o levava a ser mais piedoso diante do Senhor."

O pastor Joel conclui a sua pregação com uma orientação ouvida com frequência nos aconselhamentos pastorais, e cuja obediência já significou um sem-número de agressões e feminicídios entre as evangélicas:

"Você, minha irmã, que tem marido que não é crente, continue orando pelo teu marido, continue tendo uma vida tão exemplar, que o teu marido olhe para você e veja Jesus Cristo. E como diz a Palavra: para que ele possa ser ganho com palavras ou sem palavras. Continue obedecendo ao Senhor. E Deus é poderoso para converter o coração do teu marido."

█ █ █

Eu assisti àquele vídeo pelo menos uma dezena de vezes, não sem constrangimento. Muitas perguntas me ocorreram. Vários trechos do sermão me faziam lembrar das estatísticas, dos fatos, da vida real da mulher evangélica brasileira que, como já foi dito, é majoritariamente preta, pobre e temente aos pastores de suas igrejas.

Comecei a escrever mentalmente uma mensagem para o pastor. Ela começava assim:

Prezado pastor Joel,

Fui muito impactada pelo seu sermão no YouTube, a respeito da submissão feminina. Algumas dúvidas me vieram à mente e escrevo para apresentá-las ao senhor.

Entendo que sua mensagem era destinada a mulheres. Mulheres que, como o senhor mesmo reconhece, estão sobrecarregadas pelo trabalho, o cuidado da casa e dos filhos, ao mesmo tempo que seus maridos se omitem. Pelo que entendo, essas mulheres, ao servirem às suas famílias 24x7, estariam, de acordo com os ensinos de Jesus, sendo as verdadeiras líderes de seus lares, já que "quem quiser tornar-se importante entre vocês deverá ser servo" (Mt 20:26); se elas vivem para servir, não seria sobre elas, e não sobre seus maridos preguiçosos e omissos, que repousaria de fato o manto da verdadeira liderança? Será que estou equivocada?

Da mesma forma, o pastor não poderia desprezar as estatísticas que mostram que quase metade dos lares no Brasil é chefiada por mulheres, as verdadeiras responsáveis financeiras por suas casas. E ainda há as que revelam que mais de 80% das crianças brasileiras têm como primeiro responsável uma mulher, e que 5,5 milhões não têm o nome do pai no registro de nascimento. O senhor acredita que isso acontece porque todas essas senhoras são mandonas e mimadas e usurparam a autoridade de seus maridos? Ou haveria transformações socioeconômicas e mudanças profundas nas configurações familiares que produziram esses dados? Todas essas mulheres estão pecando?

Outro ponto incômodo em seu sermão foi o fato de o senhor ter escolhido a rainha Jezabel como figura referencial de sua mensagem. Numa pregação supostamente pensada para ensinar as esposas a serem mais submissas, por que não usar o exemplo de Maria, ou de Ana, ou de Rute, ou de Priscila, ou de Suzana, ou de Ester, ou de Isabel, ou de Abigail, dentre tantas outras personagens inspiradoras? Por que comparar essas mulheres cansadas e muitas vezes solitárias, casadas com homens que "chegam em casa e se jogam no sofá", a Jezabel?. Um pastor não deveria demonstrar um pouco mais de empatia?

Uma sugestão também me ocorreu: em vez de culpá-las pela ausência emocional de seus maridos, por que o senhor não faz uma série de mensagens para ensinar esses indolentes a se comportar como adultos e a assumir responsabilidade?

Enquanto escrevia a carta em minha mente, julguei mais prudente deixá-la de lado. Percebi que meu coração estava tomado por sentimentos nada cristãos.

▪▪ ▪▪

Por frequentar comunidades evangélicas desde criança e já ter convivido com fiéis de praticamente todas as linhas doutrinárias e classes sociais, em igrejas de todos os tamanhos e decibéis, estou convicta de que questionamentos desse tipo são raros.

Não faltam exemplos de sermões com esse viés "complementarista" no YouTube. "Você está vendo mulheres galgando posições na sociedade que não lhes pertence, a liderança do lar, a liderança do Estado, de repartições que cabem ao homem, e não à mulher", ensina o pastor Paulo Junior, titular da Igreja Aliança do Calvário, localizada em Franca, interior de São Paulo. Num sermão que contava, em julho de 2020, com 720 mil visualizações no YouTube, ele continua:

"Você está vendo lares onde a mulher faz tudo: ela dirige, governa, preside, ela é provedora, educadora, protetora, galga as altas patentes acadêmicas (não estou falando nada contra a mulher estudar) — mas ela exige uma posição de liderança, de independência e de ser igual ou melhor que o homem. E o homem, no Pós-Modernismo, está completamente deslocado, perdido no seu papel; ele não sabe se tem condição de mandar, de presidir. Uma das coisas horrorosas nesse Pós-Modernismo é tirar a voz ativa do homem, a virilidade do homem, a macheza do homem, o governo do homem. Isso está destruindo a família.

"Quando nós fugimos desses conceitos, desses princípios que Deus estabeleceu, a família vai à bancarrota, vai à queda, vai à destruição."

Ele ressalta que "estar sob a autoridade masculina, nesse papel definido por Deus, não significa ser inferior, mas ter um papel diferente":

"A imagem e semelhança de Deus compreendem macho e fêmea, homem e mulher. Ser diferente do homem não significa ser inferior ao homem. Mas, quando você inverte os papéis, o que acontece? A mulher não tem estrutura psicológica, emocional e física para liderar; ela vai se saturar, vai ter um estresse. Deus, na sua sabedoria, colocou cada um na sua função, e, quando a mulher entende que ela tem que ser submissa ao homem, que a liderança e o governo da família estão sob ele, e ela se submete, ela se inferioriza — mas isso é uma mentira, não teria razão para isso."[2]

---

[2]Pastor Paulo Junior, sermão sobre o papel das mulheres. Disponível em: https://bit.ly/3f6xOrO. Acesso em: 04 ago. 2020.

Mais conhecido do público, o bispo Edir Macedo, fundador da Igreja Universal do Reino de Deus, com mais de 1 milhão de seguidores no Instagram e 2,7 milhões no Facebook,[3] ilustra o que pensa sobre o princípio da submissão à liderança masculina, numa pregação no Templo de Salomão, sede da igreja em São Paulo. Ao lado da esposa, Ester, e de suas filhas, Cristiane e Viviane, ele explica por que as impediu de fazerem faculdade antes do casamento.

"Quando nós fomos morar nos Estados Unidos, eu disse a elas: Vocês vão fazer o *high school*, apenas o ensino médio; não vão fazer faculdade. A Ester me apoiou, mas os parentes acharam absurdo.

"Porque, se você se formar em determinada profissão, vai trabalhar para si, vai servir a si mesma, mas eu quero que vocês sirvam a Deus. Eu não estou contra você estudar e se formar. Mas, no caso delas, eu não as criei para servirem a si mesmas, eu as criei para servirem ao Senhor.

"Até o seu casamento você vai ser apenas uma pessoa de ensino médio. Porque, se a Cristiane [ele a chama para perto de si, no palco], se ela fosse doutora, e tivesse um grau de conhecimento elevado, e encontrasse um rapaz com um grau de conhecimento baixo, ele não seria o cabeça, ela seria a cabeça. Não é isso? E se ela fosse a cabeça, não serviria a vontade de Deus.

"[...] O homem tem que ser cabeça, porque, se não for cabeça, o casamento está fadado ao fracasso. Mas

---

[3]Dados referentes a setembro de 2020.

não é isso que se ensina hoje. O que se ensina é: 'Minha filha, você nunca vai ficar sujeita a um homem', não é assim? Você não vai ficar sujeita a um homem? Tá bom, então vai ficar sujeita à infelicidade. Porque não existe família, não existe casamento, não existe felicidade se a mulher for cabeça e, o homem, corpo. É fracasso. Tanto é que tem mulheres inteligentíssimas que não conseguem encontrar o cabeça. Sim ou não? Porque como é que uma pessoa que tem uma cabeça lá em cima vai se submeter a uma pessoa que está aqui [ele faz um gesto como mostrando uma pessoa baixinha]. Vocês entenderam?"[4]

O pastor Josué Gonçalves, da Igreja Família Debaixo da Graça, teólogo com especialização na área de Aconselhamento, autor de 23 livros, incluindo o *best-seller 104 erros que um casal não pode cometer*, com mais de 200 mil cópias vendidas, e com mensagens que ultrapassam 1,2 milhão de visualizações no YouTube, defende que reconhecer o marido como "o cabeça" do lar é o primeiro passo para uma atitude de submissão.

"Quando a mulher não reconhece o marido como líder, ela passa a usar alguns meios para roubar-lhe a AUTORIDADE [sic], competindo pela liderança. Quais os meios que uma mulher pode usar para roubar, interferir, diminuir a autoridade do marido?"

Ele responde à pergunta que fez, afirmando que mulheres rebeldes tentam usurpar a liderança do homem impondo horários rígidos na casa, reclamando

---

[4]Discurso do pastor Edir Macedo. Disponível em: https://bit.ly/3y1zV9a. Acesso em: 11 jun. 2020.

de doenças que não existem, usando o choro como uma arma para impor um desejo, forjando uma falsa espiritualidade e, claro, através do sexo.[5]

O pastor pentecostal Silas Malafaia, da Assembleia de Deus Vitória em Cristo, com 2,6 milhões de seguidores no Instagram, observa que:

"A Bíblia diz, em Efésios 5:22, que a mulher tem que ser submissa ao marido. O grande problema em torno desse assunto é que muitos não entendem o real sentido de submissão. Submissão é aceitar a missão do outro. O marido tem o papel de autoridade, isto é, ele é responsável por promoção, provisão, proteção, lei, ordem, coesão e liderança em seu lar. Nesse caso, a mulher precisa aceitar que o marido é o responsável maior pelo lar, e ser sua ajudadora. O casamento é uma relação de troca e reciprocidade, então o homem e a mulher cumprem papéis que se completam e contribuem para uma família saudável."[6]

Essa interpretação "complementarista", que advoga o princípio bíblico da autoridade masculina em todos os aspectos, é ensinada não somente por teólogos e pastores, mas também por pastoras famosas e muito influentes.

"Pergunte às mulheres do nosso tempo como elas estão. Será que elas estão felizes?", questiona a pastora Ana Paula Valadão, da Igreja Batista da Lagoinha, no culto Mulheres Diante do Trono, em outubro de 2012, uma mensagem que, até março de 2021, alcançava 502 mil visualizações

---

[5]Pastor Josué Gonçalves, *O perfil da esposa ideal*. Disponível em: https://bit.ly/2Q5rcl0. Acesso em: 04 jul. 2020.
[6]Discurso do pastor Silas Malafaia. Disponível em: https://bit.ly/2RBKgYx. Acesso em: 11 jun. 2020.

em seu canal no YouTube, mas que meses depois foi tirada do ar por conta das muitas críticas recebidas.

"Pergunte aos filhos do movimento feminista, que tenta igualar a mulher e o homem e tenta colocar os dois na mesma posição. Não. Desde o princípio, Deus criou o homem com qualidades e responsabilidades, e criou a mulher com qualidades e responsabilidades distintas. Não podemos tentar igualar, pois isso nos traz fardos pesados demais que não conseguimos carregar. Porque não somos feitas para fazer o que os homens fazem. Podemos até trabalhar junto, podemos até ter muita inteligência, sabedoria e dons que completem os dons dele, por isso a Bíblia nos chama de "auxiliadoras". E isso não é uma posição rebaixada, pois o próprio Espírito Santo é chamado de nosso auxiliador. Alguém acha que o Espírito Santo está rebaixado, humilhado com essa posição? Não. É uma posição fundamental e muito importante.

"[...] O respeito vai muito além de você admirar; também fala de honrar, de louvar, de elogiar, de levantar e exaltar a pessoa do seu marido através da sua ação de obediência, de submissão."[7]

Helena Tannure, uma pregadora admirada, com mais de 720 mil inscritos em seu canal do YouTube, afirma que "submissão é uma palavra que pesa e incomoda os ouvidos da mulher do século XXI".

"Submissão parece algo do tempo das cavernas. Voltamos à Idade Média. Mas não é nada disso. O padrão de Deus para submissão está ligado a apoio,

---

[7] Pregação da pastora Ana Paula Valadão no II Congresso "Mulheres Diante do Trono", em 2012. Disponível em: https://youtu.be/6yzp7l1tA2M. Acesso em: 04 jul. 2020.

suporte; a mulher foi feita para ser auxiliadora. Far-lhe-ei uma auxiliadora que lhe seja idônea... Foi isso que Deus decretou sobre a feminilidade quando criou a mulher.

"Mas a gente resiste a isso, principalmente porque estamos contaminadas pelo movimento feminista. Eu entendo bem as mulheres que não toleram essa palavra por não conhecerem o propósito bíblico para ela. Submissão significa prestar ajuda, socorro, auxiliar, suportar. Ser aquela que ajuda, que aconselha. Submissão não é sinônimo de apatia, nem de escravidão, muito menos de não ter opinião.

"Quero te desafiar, mulher do século XXI, a ousar ser submissa. Deus colocou o homem como cabeça, e isso não significa que ele vai nos esmagar. Significa que alguém tem que dirigir esse carro. E você pode ser uma ótima navegadora, com seu conselho, sensibilidade e com essa nossa pluralidade multitarefas.

"Deus quer usar esse seu jeito para construir no seu marido uma noção de valor e posicionamento. Muitos homens estão apáticos porque as mulheres correram na frente e tomaram as funções masculinas.

"Desempenhe bem o seu papel, valorize esse homem com quem você vive. Aprendi [...] que, quanto mais elevamos o homem que está do nosso lado, mais fácil fica se submeter."[8]

Michele Collins, missionária da Assembleia de Deus Madureira, argumenta que a mulher contemporânea

---

[8] Vídeo da pastora Helena Tannure em seu canal no YouTube. Disponível em: https://bit.ly/3eD9a2V. Acesso em: 14 set. 2020.

tem projetado, sonhado e alcançado conquistas consideráveis, mostrando, com isso, que é capaz. Tem estado à frente em diversos espaços, como nas lideranças eclesiásticas; na tecnologia e na ciência; na medicina; nos poderes legislativo, executivo e judiciário; nas forças armadas e nas grandes empresas. Mas, para a mulher estar realmente à frente, necessita manter-se obediente a Deus e à sua palavra, o que significa ser submissa ao marido, em amor. A mulher pode ter o poder de comandar um exército ou de conduzir uma nação, desde que sempre se mantenha submissa ao esposo, cuide bem de sua casa e, acima de tudo, dedique-se como serva para honrar o Senhor em todo tempo e lugar. Só assim será bem-sucedida.[9]

Pelo visto, a escola do pastor Joel atrai muitos alunos. Homens e mulheres de Deus, para os quais é inaceitável que a esposa dirija um carro ou exerça a liderança de sua casa lado a lado com o marido; que o olhe de frente, não de baixo para cima. Esta é, certamente, a hermenêutica prevalente no universo evangélico.

Felizmente, há interpretações divergentes, que levam em conta as novas realidades femininas, os novos acordos familiares e o contexto socioeconômico e cultural contemporâneo. A cada dia, surgem novas vozes cristãs que não estão, necessariamente, "contaminadas pelo movimento feminista". São vozes de homens e mulheres de Deus que não mais compactuam com uma mensagem farisaica, responsável por causar muitos estragos e deixar rastros de destruição pelo caminho.

Considere ouvir o que elas têm a dizer.

---

[9]*Bíblia de estudo*: desafios de toda mulher, Mundo Cristão, 2017, p. 1139.

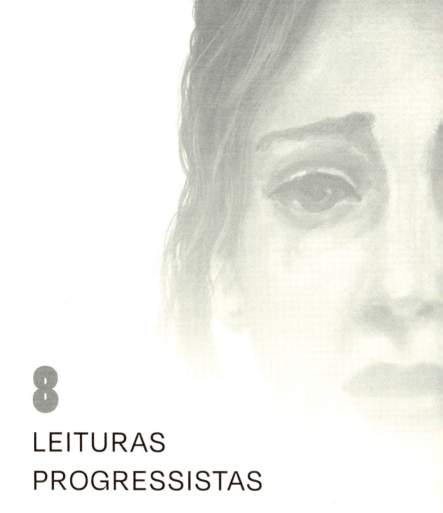

8
LEITURAS
PROGRESSISTAS

E eu oro, oh, meu Deus, como oro
Oro todo santo dia
Por uma revolução

4 NON BLONDES[1]

Defender, como faz o apóstolo Paulo, a diferenciação de papéis entre homem e mulher não seria um problema, não fossem esses argumentos "acompanhados da defesa de determinados modelos socioculturais que claramente colocam as mulheres em posição de inferioridade",[2] avalia o pastor e teólogo Valdinei Ferreira, titular da Primeira Igreja Presbiteriana Independente de São Paulo.

Segundo Valdinei, as mudanças socioeconômicas causadas pela Revolução Industrial, com a inclusão das mulheres na força de trabalho, intensificadas no século XX, além de suas conquistas de cidadania política, refletiram na leitura dos textos bíblicos. "A primeira barreira derrubada na direção da igualdade foi a admissão da cidadania plena das mulheres, com o direito ao voto. E, se há igualdade jurídica entre homens e mulheres numa sociedade, fica difícil sustentar a inferioridade

---

[1] Canção "What's up?", da banda 4 Non Blondes. No original: *And I pray, oh, my God, do I pray/ I pray every single day/ For a revolution.*
[2] Artigo "A Bíblia e o empoderamento das mulheres", publicado na *Revista Visão*, da Primeira Igreja Presbiteriana Independente de São Paulo — Catedral Evangélica. Disponível em: https://bit.ly/33xics7. Acesso em: 10 mai. 2021.

LEITURAS PROGRESSISTAS

dentro do lar ou da igreja. De algum modo, esse foi um efeito salutar do processo de secularização das sociedades modernas", afirma o teólogo.

Curioso é perceber que é nos textos do próprio apóstolo Paulo que se encontram os fundamentos para derrubar a ideia de subordinação feminina. Valdinei escreve:

> Leituras conservadoras dos textos bíblicos têm sido feitas ao longo dos séculos para justificar a subalternidade feminina em diferentes contextos culturais. Entretanto, textos bíblicos têm sido igualmente citados para apoiar o empoderamento feminino defendido na atualidade. Um dos textos mais citados com este propósito é extraído da carta de Paulo aos Gálatas:

> "Na família de Cristo não pode haver divisões entre judeus e não judeus, escravos e livres, homens e mulheres. Entre vocês, todos são iguais. Isto é, nós todos estamos em um relacionamento comum com Jesus Cristo. Agora que são a família de Cristo, vocês são também os famosos 'descendentes' de Abraão, herdeiros de acordo com as promessas da aliança." (Gálatas 3:28-29, *Bíblia A Mensagem*)

> A ideia básica do texto é que, em Cristo, a humanidade está sendo reconstruída, agora sem as barreiras étnicas, sociais, econômicas, culturais, incluindo-se os papéis socioculturais atribuídos a cada gênero.[3]

---

[3] Ibid.

Para Valdinei Ferreira, todas as mensagens bíblicas que apontam para as diferenças de gênero, raça ou etnia devem ser relidas à luz desse texto aos Gálatas. E ele ressalta um ponto que deve ser levado em consideração ao ler e compreender os textos bíblicos:

> Outras passagens bíblicas que são costumeiramente interpretadas de maneira restritiva ao papel das mulheres na vida da igreja e da sociedade devem ser interpretadas levando em conta o contexto de seus leitores originais e os grandes princípios gerais das Escrituras: amor, justiça, nova criação em Cristo, dentre outros. Não é um bom princípio hermenêutico interpretar passagens bíblicas que encerram usos e costumes de época em oposição aos princípios maiores claramente expressos no Evangelho.[4]

O teólogo John Stott também segue essa mesma linha de entendimento:

> Não significa que os homens perderam sua masculinidade e, as mulheres, a feminilidade. Significa que, em relação à nossa postura diante de Deus, por estarmos 'em Cristo Jesus' e desfrutarmos de um relacionamento comum com ele, as distinções raciais, nacionais, sociais e de ambos os sexos são irrelevantes. Pessoas de todas as raças, de todas as classes sociais e de ambos os sexos são iguais diante dele.[5]

---

[4]Ibid.
[5]John Stott, *Os cristãos e os desafios contemporâneos*, Ultimato, 2014, p. 349.

LEITURAS PROGRESSISTAS

Embora minoritária, essa interpretação mais progressista sobre o papel da mulher é defendida por várias lideranças respeitadas no universo evangélico brasileiro.

O pastor e teólogo Ed René Kivitz, da Igreja Batista de Água Branca, em São Paulo, por exemplo, afirma que os dois argumentos teológicos mais usados para defender a subordinação feminina — "a mulher foi criada depois do homem" e "a mulher pecou primeiro" — são anulados tanto na epístola aos Gálatas como em 1Coríntios, em que Paulo escreve:

> No Senhor, todavia, a mulher não é independente do homem, nem o homem independente da mulher. Pois, assim como a mulher proveio do homem, também o homem nasce da mulher. Mas tudo provém de Deus. (1Coríntios 11: 11-12)

Mesmo tendo sido criada em segundo lugar, analisa Kivitz, é a mulher quem recebe o dom da maternidade, o poder de gerar aquele que futuramente viria a redimir a humanidade do Mal.

"O argumento da primazia da criação é cancelado pelo poder da maternidade. Quando no Gênesis lemos: 'Colocarei inimizade entre a mulher e a serpente, e o filho da mulher vai esmagar a cabeça da serpente', entendemos que a descendência da mulher vai vingá-la da corrupção da 'serpente', significando que a mulher dará origem ao Cristo — aquele que tem poder para derrotar o poder do diabo e da Maldade."

É por essa razão, segundo o pastor, que Paulo afirma em 1Timóteo 2:15: "A mulher será salva dando à luz filhos."

"O ensino sobre esse assunto nas igrejas é feito em praticamente 100% das vezes de forma fundamentalista", afirma Ed René Kivitz. "A Bíblia foi escrita para os homens, não para as mulheres, numa sociedade patriarcal e machista. Numa sinagoga onde uma carta do apóstolo Paulo fosse lida, elas estariam isoladas em uma galeria, enquanto os homens ficariam embaixo. Numa reunião caseira, elas estariam no fundo da sala, e eles na frente. Elas seriam meras espectadoras — não participariam ativamente das discussões."

Se o apóstolo Paulo apresenta ideias aparentemente em defesa da igualdade entre homens e mulheres, por que então, eu pergunto ao pastor Kivitz, muitos leitores da Bíblia o enxergam como um "símbolo autoritário do patriarcado", e até como um misógino?

"Paulo é muito mal-interpretado e quem o detesta são pessoas que leem a Bíblia como se ela tivesse sido escrita nesta semana. Ele promove a emancipação da mulher, mas é tratado como se tivesse retroalimentado a lógica machista e vertical, o que não é verdade."

Quando o apóstolo escreve, em Efésios 5, que os maridos devem amar suas mulheres "assim como Cristo amou a igreja e entregou-se a si mesmo por ela", Kivitz observa que essa era uma ideia impensável para aquela cultura. "Entregar-se por ela? Sacrificar-se por ela? Morrer por ela? Inconcebível. Estamos falando de uma sociedade em que o marido podia pôr a mulher para fora de casa pelo simples fato de não gostar de sua comida. Os rabinos autorizavam isso naquele tempo — a mulher envelhecia e podia ser substituída por outras mais novas, tornando-se serva delas. Ser amada decididamente não era uma expectativa das mulheres naquele período", afirma.

"Quando Paulo diz para mulheres serem submissas a seus maridos, não há nada de novo nessa fala. Mas quando ele diz "Maridos, amem as suas mulheres como Cristo amou a igreja", essa é a verdadeira bomba contida em Efésios 5."

Paulo também introduz, segundo essa análise, o princípio da submissão mútua. O marido deve igualmente submeter-se à sua esposa; os pais aos filhos; os patrões, aos seus empregados. O maior "desce de seu pedestal" e se curva diante do menor.

"Na Bíblia Sagrada, posição não é privilégio, é responsabilidade. Ser Messias não é privilégio, é responsabilidade. Tem que morrer crucificado! Ser apóstolo não é privilégio, é ser o primeiro entre os servos." Para o pastor, as igrejas falham por não ensinar corretamente aos homens esse princípio.

MENTALIDADE ROMANA

"A ideia de submissão define nosso relacionamento com o próprio Deus. O problema é que nossa sociedade está fundamentada em outros valores; temos a mente de Roma. E a cabeça de Roma diz que o forte deve dominar; domínio é sinal de força, de poder. Jesus rompe com esse padrão, e o que ele prega é uma loucura completa para nossos ouvidos", afirma o pastor e teólogo Luiz Sayão, da Igreja Batista Nações Unidas, de São Paulo, um dos mais respeitados biblistas e hebraístas brasileiros.

Essa ruptura com a mente romana proposta por Jesus está clara, segundo Sayão, na opção que ele faz de afastar-se do centro do poder político e religioso, em Jerusalém, e escolher para espalhar sua mensagem uma região distante e menosprezada, a Galileia, "no meio do mato, cuidando de gente que não tem muito valor, incluindo as mulheres, dando-lhes uma atenção que só lhe trará problemas".

Desde então, afirma Sayão, o seguidor de Jesus Cristo ganha um novo paradigma e deve se esforçar para fazer a chamada "metanoia", ou mudança de mentalidade, adotando uma atitude humilde e pronta para servir o outro. "Em Efésios, Paulo está discutindo como nós devemos nos conduzir agora que conhecemos a Cristo. Ele fala sobre sermos cheios do Espírito Santo, em oposição às bebedeiras do mundo pagão, e de submetermo-nos uns aos outros, no temor do Senhor. Essa frase, que no grego é um particípio presente — com força de imperativo — significa 'vocês devem viver se curvando diante da realidade do outro.'"

"É a ideia preciosa reforçada por Lutero, de que o cristão é o mais livre de todos os homens, porque não está sujeito a ninguém, somente a Deus, ao mesmo tempo que é escravo de todos, porque vive para servir", afirma Sayão.

"O poder interno é superior ao poder externo, da força. Essa é a proposta do Novo Testamento, e, se nós considerássemos realmente viver sob essa proposta, estaríamos lutando para ser os mais submissos de todos. Enquanto hoje o pessoal quer ser bispo, apóstolo, Paulo afirma que quer ser servo de Cristo; ele acha que isso é mais honroso. Estamos, em geral, em sintonias diferentes."

A AJUDADORA E O CABEÇA

O teólogo observa, porém, que "isso não tem nada a ver com o estilo de submissão exigido por maridos machistas, que se acham donos das suas mulheres e as sufocam, e até mesmo as maltratam fisicamente".

A AJUDADORA E O CABEÇA

Possivelmente, os dois termos cujos significados são mais debatidos teologicamente quando se estuda os papéis masculino e feminino são "ajudadora idônea" e "o cabeça".

O primeiro aparece no Gênesis, durante a criação da mulher, momento em que, para alguns estudiosos, começaram os problemas. Ou quando, como melhor observa a autora americana Rachel Held Evans, "pela primeira vez o Criador nota um aspecto de sua criação que não é bom. 'Não é bom que o homem esteja sozinho', diz Deus. 'Vou fazer para ele uma auxiliadora idônea' (Gênesis 2:18)".[6]

A palavra original, no hebraico, nos ensina Luiz Sayão, é *ezer kenegdo* — um substantivo masculino que significa 'o que presta socorro, que auxilia, que salva'. "Não tem a ver com gênero; é o mesmo termo usado naquele Salmo de Davi [121] que diz: 'O Senhor é o meu socorro.' Se eu fico doente, o meu médico é meu *ezer kenegdo*. Não está ali implícito nenhum sentido de inferioridade", explica.

Rachel Held Evans nos informa que *ezer*

---

[6]Rachel Held Evans, *A Year of Biblical Womanhood:* How a Liberated Woman Found Herself Sitting on Her Roof, Covering Her Head, and Calling Her Husband 'Master'; Thomas Nelson, 2012, p. 24.

aparece vinte e uma vezes no Antigo Testamento —
duas vezes em referência à Eva, três vezes em referência
a nações para as quais Israel apelou por apoio militar e
dezesseis vezes em referência a Deus como o ajudador
de Israel. Significa tanto benevolência quanto força,
e é um nome popular para meninos judeus tanto na
Bíblia quanto nos tempos modernos.[7]

Além disso,

> *Kenegdo* significa literalmente "na frente dele", sugerin-
> do que o *ezer* de Gênesis 2 é a combinação perfeita de
> Adão, o *yin* com seu *yang*, a água com seu fogo, o Brad
> para sua Angelina — você entendeu.[8]

A ideia de auxiliadora, em português, segundo a
psicóloga e terapeuta familiar Isabelle Ludovico, "leva
à errônea interpretação de um ser subalterno",[9] leitura
que "induz a mulher, de forma unilateral, à submissão em
relação ao homem, enquanto somos chamados, na verdade, a submeter-nos uns aos outros no temor do Senhor".

"É como se Deus declarasse que a solidão do homem
o colocava em perigo de morte", afirma a psicanalista
Karin Kepler Wondracek, que tem um mestrado em teologia. "Vou fazer-lhe uma *ezer kenegdo*, alguém que poderá
olhá-lo nos olhos e com quem poderá se identificar. No
original você lê: 'Que o confronte'. Ela é simultaneamen-
te alguém que o apoia e se contrapõe a ele. Veja como
as traduções estão carregadas de patriarcado — porque

---

[7] Ibid. E-book Kindle.
[8] Ibid. E-book Kindle.
[9] Isabelle Ludovico, *O resgate do feminino*. Mundo Cristão, 2010, p. 29.

LEITURAS PROGRESSISTAS

sempre se lê: 'Far-lhe-ei uma ajudadora idônea', o que tem uma conotação de inferioridade", diz Karin.

Karin faz uma observação que me pareceu extraordinária e reveladora: o nome "Eva" só é dado após a queda, o pecado original. Antes, a mulher é apresentada a Adão como sua "Ishá", a humana, que completa o "Ish", nome dado a Adão. "A junção dos dois nomes, no hebraico, forma o tetragrama do nome de Deus, YHWH. É um som que se perdeu — pelo medo de invocá-lo: o som de um sopro, de um fôlego —, para me lembrar de que cada vez que eu respiro eu pronuncio o nome de Deus. É esse o profundo mistério que há na união entre um homem e uma mulher."

❚❚ ❚❚

Tamanha revelação sobre a unidade e a harmonia idealizadas por Deus para o relacionamento conjugal parece incompatível com o conceito apresentado pelo apóstolo Paulo de que o "homem é o cabeça da mulher". Se o ideal do Éden é a igualdade e a complementaridade entre os sexos, sem conotação de domínio — que só surge após a queda —, que interpretação desses textos poderia explicar esse paradoxo?

Para John Stott, as hermenêuticas sobre ser o "cabeça" costumam navegar em polos opostos. A "tradicionalista", afirma o grande teólogo britânico, considera o sentido de "senhorio" — comparando a relação do homem com a mulher à de Cristo enquanto Senhor da Igreja.[10] Em outro extremo, entram os "negacionistas", que conside-

---

[10]John Stott, *Os cristãos e os desafios contemporâneos*. Ultimato, 2014, p. 355.

ram esse sentido inconciliável com o fundamento original da igualdade na criação. "Eles declaram que o ensino de Paulo é inaplicável em um ou outro destes quatro fundamentos: ou é equivocado, ou é confuso, ou é cultural, ou é puramente relativo àquela situação."[11]

Alguns estudiosos defendem que a palavra original para "cabeça" é *kephale*, que no grego significa "fonte", "princípio". Sob esse ponto de vista, o homem é a "origem" da mulher, na ordem da criação. Outros afirmam o sentido de autoridade, que pressupõe obediência.[12]

A proposta de Stott é desenvolver

> uma compreensão bíblica, sobre o homem ser o cabeça, que seja completamente coerente com a igualdade criacional de Gênesis 1, com o derramamento do Espírito sobre ambos os sexos no Pentecostes (Atos 2:17) e com a unidade dos sexos em Cristo e na nova comunidade cristã (Gálatas 3.28).[13]

Para tanto, ele prefere a ideia de "responsabilidade".

> O marido ser cabeça sobre sua esposa é um misto libertador de cuidado e responsabilidade, e não de controle e autoritarismo. Essa distinção tem grande importância. Ela tira a visão que temos do papel do marido relacionado a questões de dominação e tomada de decisão e leva essa visão para a esfera do serviço e do sustento.[14]

---

[11]Ibid.
[12]Ibid. p. 362.
[13]Ibid. p. 361.
[14]Ibid. p. 364.

O admirado teólogo, autor, poeta e pensador irlandês C.S. Lewis vai além ao escrever que a autoridade do homem sobre a mulher só existe sob a condição de entrega e amor sacrificial.

> Autores cristãos (especialmente Milton) falaram às vezes da liderança do marido com uma complacência que dá arrepios. Precisamos voltar à Bíblia. O marido é o cabeça da esposa quando ele é para ela o que Cristo é para a Igreja. Ele deve amá-la como Cristo amou a Igreja — e o texto prossegue — *e entregou-se por ela* (Efésios 5:25). Essa liderança, então, é mais completamente incorporada não no marido que todos nós desejamos ser, mas naquele cujo casamento é mais semelhante a uma crucificação; cuja esposa recebe mais e dá menos, e de forma nenhuma é merecedora dele, e é — por sua mera natureza — menos digna de amor. Pois a Igreja não tem qualquer beleza a não ser aquela que o Noivo lhe dá, e ele não a encontra bela, mas a faz ficar assim.[15]

FILHAS DE ABRAÃO

Na visão de Karin Wondracek, o modelo de "cabeça", ou autoridade, deve ser sempre Jesus Cristo. "Como ele se relaciona com as mulheres? Ele lhes dá autonomia, resgata sua dignidade, ele as tira desse lugar inferior onde elas foram colocadas. Jesus lhes devolve o direito à voz. Veja, a quem ele primeiro revela ser o Messias? A uma samaritana menosprezada. A Maria, irmã de Marta, que escolhe aprender com ele e ficar a seus

---

[15]C.S. Lewis. *Os quatro amores*. Thomas Nelson Brasil, 2017, p. 142.

pés, uma prerrogativa masculina naquela época, ele não manda para a cozinha. Ele diz que ela escolheu a melhor parte, e isso não lhe será tirado. E para Marta, que escolheu servir, ele diz: 'Não precisa se martirizar por estar servindo; não adote uma posição masoquista; não se faça de vítima. Menos, Marta. Menos.'"

A autora canadense Sarah Bessey escreve

> Durante seu tempo na terra, Jesus subverteu as normas sociais que ditavam como um rabino falava às mulheres, aos ricos, aos poderosos, às donas de casa, às sogras, aos desprezados, às prostitutas, às adúlteras, aos doentes mentais e endemoniados, aos pobres. Ele falou com as mulheres diretamente, e não por meio de lideranças masculinas, como era o padrão da época (e até mesmo de algumas seitas religiosas hoje).[16]

Sarah observa que a atitude contracultural de Jesus em relação às mulheres o levou a usar uma expressão jamais empregada.

> Quando Jesus curou a mulher que estava curvada, ele o fez na sinagoga, à vista de todos. Ele a chamou de "filha de Abraão", o que provavelmente enviou uma onda de choque pela sala. Foi a primeira vez que a frase foi dita. As pessoas só tinham ouvido falar de "filhos de Abraão" — nunca filhas.[17]

---

[16]Sarah Bessey, *Jesus Feminist: An invitation to revisit the Bible's view of women.* Darton, 2013, p. 18.
[17]Ibid. p. 19.

9
MARA, BISPA EVANGÉLICA EM SÃO GONÇALO, RIO DE JANEIRO

> *"O Harpo quer saber como fazer pra Sofia obedecer ele. [...]*
> *Você nunca bate nela? Sinhô pergunta.*
> *Harpo olha pras mão dele. Não senhor, ele fala baixo,*
> *sem graça.*
> *Bom, então como você quer fazer ela obedecer?*
> *As esposa são feito criança. Você tem que fazer elas*
> *aprenderem quem manda. Nada resolve melhor esse*
> *problema que uma boa surra."*
>
> ALICE WALKER[1]

Tenho dois anos de bispado na minha igreja. Sou viúva há dois anos também. Fui casada por onze anos. Quando ele morreu, tatuei aqui no meu braço: Deus é fiel.

Ele era militar da Marinha, pesava 130 quilos. Quer saber como ele me batia? Eu sou pequena, ele era um homem forte. Ele me encostava no canto da parede e dava soco na minha barriga. Só que, ao mesmo tempo, fazia cócegas em mim, e eu ria. As pessoas passavam no quintal onde a gente morava e achavam que eu estava brincando — mas estava era levando soco.

Quando o denunciei, tive que sair de casa; peguei minha filha, meus netos, deixei tudo para trás. Perdi tudo o que eu tinha.

É isso o que acontece — nós, mulheres, quando denunciamos o companheiro, nós é que temos de ir embora, nos esconder num abrigo, enquanto o sem-vergonha fica lá

---

[1] Alice Walker, *A cor púrpura*, José Olympio, 2016, pp. 51–52.

MARA, BISPA EVANGÉLICA EM SÃO GONÇALO, RIO DE JANEIRO

com as nossas coisas. A gente é punida duas vezes: primeiro porque apanhou, e segundo porque tem que largar tudo e sair com a roupa do corpo.

Mulher evangélica sofre muita violência, mas jamais vai a uma delegacia denunciar o esposo. Se for, quando ela chegar à igreja, o pastor "coloca ela" no banco: vai ser excluída. Então ela apanha e fica quieta, porque não quer se sentir isolada. As próprias irmãs da igreja a condenam. Elas dizem: "Você não devia ter feito isso. Você tem que orar pra Jesus fazer a obra."

Minha briga hoje dentro das igrejas é para que essas mulheres se fortaleçam, tenham voz. E, se elas não conseguem denunciar, pelo menos que tenham o respaldo de outras mulheres para serem ouvidas, que possam ter um lugar onde conversar, com quem desabafar, sem ser julgadas.

Eu não tive esse lugar. Sofri agressão muitos anos; quando cheguei para o pastor e contei tudo, ele me disse: "Ah, irmã, você tem que fazer jejum e oração. Vamos orar." Falei pra ele: "Vamos, vamos sim."

Eu orei muito. E Deus me ouviu: hoje meu marido está lá no [cemitério do] Maruí. Virou adubo! E graças a Deus eu ainda estou aqui.

Não sinto nenhum remorso em dizer isso. Eu apanhava muito; várias vezes fui parar no hospital. Mas ele se foi e eu fiquei aqui, firme. E ainda fiquei com a pensão dele, da Marinha do Brasil.

10

PASTOR, EU NÃO QUERO MAIS APANHAR

Aquele que não fica irado quando deveria ficar, peca.
Pois a paciência excessiva é o viveiro de muitos vícios:
ela fomenta a negligência, e estimula não apenas o perverso,
mas acima de tudo o bom, a fazer o que é errado.

São João Crisóstomo

O relato tragicômico da bispa Mara reflete o drama de milhares de mulheres evangélicas que, inconformadas com uma rotina de maus-tratos e sem poder contar com o apoio das amigas da igreja, nem de seus pastores, passam a orar por "livramento", o que, em linguagem mais direta, significa pedir a Deus pela morte do companheiro.

Trata-se de uma "estratégia" não tão incomum. Veja esse diálogo que ouvi um dia desses, numa residência de alta classe média na cidade de São Paulo:

Dona da casa: O que aconteceu que você está desanimada desse jeito?

Empregada: Nada, não, dona... É que de novo teve briga lá em casa. Meu marido chegou daquele jeito...

Dona da casa: Não vai dizer que ele te bateu de novo? Você não pode mais aceitar isso, já te disse mil vezes.

Empregada: Eu sei, dona... eu já falei com o pastor, sabe. Ele fala que é pra eu continuar orando até Deus completar a obra.

Dona da casa: Como assim? Você precisa denunciar esse cara! Quer que eu te leve na delegacia?

Empregada: Não precisa não, dona... Eu tenho fé em Deus que ele vai me ajudar. As irmãs lá da igreja fizeram um grupo de oração, a gente está orando pra Deus levar ele [sic].

Muitas das vítimas de violência doméstica têm somente em Deus a esperança de escape de uma realidade de agressões físicas e psicológicas. Na igreja, a orientação em geral se alinha ao discurso do pastor Joel: continuar orando pela conversão genuína do "esposo", na certeza de que: "Se ele não obedece à palavra, seja ganho sem palavras, pelo procedimento de sua mulher, observando a conduta honesta e respeitosa de vocês" (1 Pedro 3:1-2).

Uma amostra dessa cultura predominante é o videoclipe musical da cantora gospel Cassiane, "A voz", lançado em julho de 2020. Ele mostra uma mulher sofredora, com olheiras profundas e rosto abatido, que ora de joelhos pelo marido alcoólatra, que a agride regularmente, ao mesmo tempo que furta dinheiro de sua carteira para gastar na jogatina. As cenas da mulher se alternam às da cantora Cassiane, anunciando na canção, em alta voz, o poder de um Deus que:

acalma o mar
faz demônios saírem
pode curar
e restaurar a vida

O clipe segue. A sofredora, a certa altura, resolve sair de casa, deixando um bilhete dentro da Bíblia, no qual escreve que perdoa o marido e que continua orando por sua conversão. Ao ler o recado, o homem cai em si, se arrepende, e o final feliz mostra a esposa voltando para casa, para um homem miraculosamente transformado.

A repercussão do videoclipe foi enorme e muito negativa. Lançado em plena pandemia do coronavírus, um período em que os índices de violência doméstica escalaram no Brasil e no mundo, os fãs de Cassiane se indignaram e postaram comentários críticos nas redes sociais, condenando a cantora por promover uma visão tacanha da violência contra a mulher. Um dos comentários resume a revolta dos espectadores:

"Para o clipe ficar perfeito, só faltava ele ser preso. Ele agrediu ela [sic] duas vezes e depois foi atrás dela como se nada tivesse acontecido. Amo a Cassiane, amei o hino, mas não gostei da história do clipe."

O vídeo foi tão criticado, que a produtora decidiu fazer uma segunda versão. Nesta, a mulher sofredora, antes de sair de casa, telefona para o 180 — número para denunciar casos de violência contra a mulher. Em outra cena que não consta na versão original, o agressor é preso no bar onde costuma beber, por causa da denúncia.

∎∎ ∎∎

A pesquisadora Valéria Vilhena tem proximidade com mulheres como a retratada no polêmico videoclipe. Autora referência sobre violência contra evangélicas, ela publicou: *Uma igreja sem voz* (2011); *Evangélicas por sua voz e participação: gênero em discussão* (2015); *Violências de gênero, evangélicos(as), políticos e os direitos humanos* (2015).

PASTOR, EU NÃO QUERO MAIS APANHAR

Logo em sua primeira visita à Casa de Sofia, onde entrevistou várias pessoas para escrever sua dissertação de mestrado, foi alertada pela assistente social de que não seria fácil trabalhar com as evangélicas, porque elas eram o grupo que mais abandonava o tratamento oferecido pela ONG.[1]

Ao tentar entender por que isso acontecia, Valéria concluiu que elas ficavam com medo de se expor. "Marquei uma entrevista com uma mulher evangélica e, no dia, recebi um telefonema dela. 'Olha, dona Valéria, eu não posso ir.' 'Mas por quê?' 'Meu marido falou que essas coisas sempre vão para a televisão.' Eu disse a ela: 'Tenho um compromisso com a senhora; não vai ser divulgada imagem, nem o nome da senhora. Mas por que a senhora contou para o seu esposo?' 'Porque eu sofro violência,' ela respondeu, 'mas ele também é o meu pastor, ele é a voz de Deus na minha vida. Eu não vou conseguir ir.'

"Isso foi recorrente... O medo é um ponto, mas eu acho que é muito importante falar sobre o aconselhamento pastoral. Quando essa mulher vai procurar o seu pastor para dizer que está apanhando do companheiro, normalmente ela não recebe apoio: o pastor aconselha mais submissão, em nome de Deus."

Criada em berço evangélico pentecostal, Valéria é uma das referências da teologia feminista no Brasil, ao lado de nomes como o da pastora metodista Nancy

---

[1] Entrevista de Valéria Vilhena para o portal de notícias UOL, em 06 de janeiro de 2017. Disponível em: https://bit.ly/33xiQWz. Acesso em: 11 mai. 2021.

Cardoso, da pastora batista Odja Barros, das teólogas Romi Bencke e Angélica Tostes, da pastora luterana Lusmarina Garcia, da socióloga católica Maria José Rosado, da freira Ivone Gerbara, entre outras.[2]

Valéria Vilhena ajudou a fundar o coletivo Evangélicas pela Igualdade de Gênero (EIG), em 2015, um movimento de voluntariado que promove debates sobre temas ligados à violência contra mulheres e desigualdades de gênero. Além disso, a EIG presta atendimento e dá treinamentos voltados ao acolhimento dessas vítimas de agressão. Em agosto de 2020, quando a pandemia do coronavírus escalava e o isolamento social forçado "aprisionou" muitas mulheres em casa junto de seus agressores, a EIG capacitou mais de 700 pessoas num curso on-line de "escuta ativa e empática", para ouvir, atender e encaminhar casos de agressão aos serviços públicos da Rede de Enfrentamento à Violência Contra Mulheres.

A EIG tem representantes em São Paulo, Rio de Janeiro, Espírito Santo, Goiás, Brasília e Paraná. Pelas redes sociais, reúne mais de 5 mil participantes, mas os grupos de encontro presencial costumam ser pequenos, com dez a quinze pessoas.

Por defender uma agenda progressista, que inclui, entre outros pontos, a legalização do aborto e a igualdade de gênero, o trabalho da EIG acaba inserido numa pauta ideológica de esquerda, o que limita, segundo alguns analistas, o seu alcance dentro das igrejas.

---

[2]Matéria de Angélica Torres para a Carta Capital, publicada em 25 de março de 2019. Disponível em: https://bit.ly/2RIbH35. Acesso em: 07 fev. 2021.

PASTOR, EU NÃO QUERO MAIS APANHAR

"Creio que nossa pauta é bem mais ampla, é uma defesa de direitos humanos, mas, infelizmente, a polarização em que vivemos jogou essas questões para o campo da esquerda política", afirma Valéria.

Outro fator que pode pesar contra os esforços da organização é estar vinculada à Teologia Feminista, uma corrente de pensamento com várias vertentes e que propõe interpretações contextualizadas das passagens bíblicas relativas ao papel da mulher.

"Nosso trabalho tem duas dimensões principais — a da fé e a política. A maioria das mulheres que nos procuram é de evangélicas praticantes, mas muitas deixaram de ir à igreja por conta de experiências negativas, mesmo que ainda se confessem religiosas. Nossa atuação junto às comunidades de fé também procura apresentar novas hermenêuticas para os textos sagrados, mostrando que é necessário analisar quem os escreveu, em que época, em que condição econômica e cultural. Não se trata simplesmente de aplicar as escrituras sagradas de forma literalista, mas de considerar quando o texto tem base patriarcal e ajuda a reproduzir a violência. E questionar até que ponto esse tipo de ensino é de Deus ou é mera reprodução humana."

A Teologia Feminista agrega correntes de pensamento originados nas chamadas "ondas" do movimento feminista, momentos de transformações sociais profundas nas décadas de 1960, 1970, 1990 e 2000. Os estudiosos falam, na verdade, em "teologias feministas", no plural, dadas as variadas linhas teóricas desenvolvidas a partir de questões culturais específicas, como a Teologia Feminista Negra, a Indígena ou a Teologia Ecofeminista.

Na América Latina, a Teologia Feminista Latino-Americana (TFLA) foi fortemente influenciada pela Teologia da Libertação, de raiz marxista. Suas propostas, em síntese, dizem que as interpretações dos textos sagrados são

> histórica e culturalmente condicionadas por uma sociedade patriarcal e sexista. Sendo assim, a TFLA propõe dar espaço a um novo paradigma hermenêutico: as mulheres aprenderam a ler e a interpretar a Bíblia com as lentes dos esquemas teológicos masculinos e a partir de determinados paradigmas hermenêuticos desenvolvidos historicamente. A hermenêutica bíblica feminista reconhece que a Bíblia exerceu e exerce influência tanto positiva quanto negativa na vida de muitas mulheres e homens, e que essa influência não se dá somente através dos textos em si, mas também através da forma como esses textos são lidos e interpretados.[3]

Segundo Valéria, para que seja eficiente, um trabalho como o seu deve levar em conta, sim, as problemáticas de raça, gênero, classe social e etnia. "De nada vale tentar abordar a violência contra as mulheres no Brasil sem perceber que são as negras e pobres as mais atingidas, e que esse é o mesmo público predominante nos bancos das igrejas brasileiras", ela afirma.

---

[3]Daniéli Busanello Krob, *Teologia feminista latino-americana, teologia feminista negra e teologia ecofeminista:* partes de um todo. Disponível em: https://bit.ly/3ezF0h8. Acesso em: 25 abr. 2021.

PASTOR, EU NÃO QUERO MAIS APANHAR

Segundo o Datafolha, as mulheres correspondem a 58% dos frequentadores de igrejas evangélicas, enquanto pretos e pardos são 59% dos fiéis. Quase metade das entrevistadas na pesquisa (48%) têm renda de até dois salários-mínimos e 49% cursaram no máximo o ensino médio.[4]

Pergunto à Valéria se os discursos teológicos feministas mais radicais não acabariam por incentivar uma disputa de poder entre homens e mulheres, ao invés de contribuir para a conciliação entre as partes.

"O feminismo não é projeto de poder, mas de igualdade. É uma nova forma de viver, não baseada na hierarquia de sexo ou da sexualidade. Não defendemos a troca de mando, mas um novo tipo de administração da vida. Um bem viver não mais baseado numa gestão hierárquica da vida. Não é para a mulher passar a mandar no homem, reproduzindo o que já existe. É viver um novo modelo."

BARREIRAS DIALÓGICAS

Há quem acredite, contudo, que alguns temas, quando inseridos nas pautas que buscam construir pontes com as igrejas evangélicas para endereçar a questão da violência contra a mulher, mais atrapalham do que ajudam.

"Há discursos feministas que criam uma barreira dialógica com a comunidade evangélica, ao ativar alguns gatilhos — por exemplo, a discussão sobre aborto ou diversidade de gêneros. Esses obstáculos acabam

---

[4]Leia mais em: https://bit.ly/3xWG0n4. Acesso em: 25 abr. 2021.

nos impedindo de concordar num tema maior e que poderia ser um ponto de consenso, que é justamente o grave problema social da violência contra mulheres e meninas", afirma Daniela Grelin, diretora executiva do Instituto Avon.

O Instituto Avon é o braço filantrópico da gigante multinacional Avon, e tem 18 anos de serviços dedicados a causas sociais no Brasil. A organização já apoiou financeiramente, ou com sua *expertise*, mais de 350 projetos nas áreas de saúde, cidadania e violência contra mulheres e meninas, beneficiando mais de 6 milhões de brasileiras. Durante a pandemia, em 2020, criou o programa Você não Está Sozinha, para facilitar o acesso de vítimas de violência ao atendimento especializado e, com isso, mitigar os impactos do isolamento social na vida de milhares de mulheres e meninas. Outra iniciativa financia centenas de caminhões que viajam a regiões remotas, levando equipamentos para oferecer exames de ultrassonografia e mamografia, e que já alcançou 232 municípios brasileiros.

"Nossa grande capilaridade é um diferencial, pois nossas mais de 1,3 milhão de revendedoras Avon atuam ao mesmo tempo como ativistas sociais e são, elas mesmas, beneficiárias dos programas", afirma.

Com mais de doze anos de experiência em trabalhos de responsabilidade social corporativa, metade dos quais dedicados especificamente a causas femininas, Daniela é cristã e se classifica como uma feminista: "No sentido de alguém que acredita que homens e mulheres são iguais em dignidade e direito". Ela, porém, defende que "a vida humana ainda não nascida

PASTOR, EU NÃO QUERO MAIS APANHAR

também tem dignidade", o que contrasta com a fala de outras ativistas.

"A defesa do aborto traz divisão. Veja o exemplo do ex-presidente americano Donald Trump, sobre quem pesavam várias denúncias de assédio sexual e de misoginia. Por se posicionar a favor dos movimentos antiaborto, contudo, ele tinha o apoio de boa parte da comunidade evangélica americana."

Daniela Grelin aponta duas outras barreiras que, segundo ela, impedem que o trabalho de conscientização avance no ambiente religioso: os "falsos dogmas" e o ambiente atual de polarização social e política.

Muitas vezes, interpretações equivocadas da Bíblia são tomadas como dogma — o aspecto da doutrina religiosa tido como indiscutível. "O dogma, por definição, é algo imutável. O problema é que muitas visões distorcidas a respeito do papel da mulher são reforçadas e repetidas à exaustão, e acabam ganhando *status* de dogma. Quando você chega para denunciar a violência de gênero, atacando aquela interpretação deturpada, ensinada pelo pastor, que é a figura de autoridade religiosa e moral da comunidade, é como se estivesse atacando a fé da pessoa. É como se estivesse profanando território sagrado. Essa é uma grande dificuldade."

A advogada Priscila Diacov, especializada em mediação de conflitos, concorda com essa visão. Seu trabalho como mediadora na vara da família, em São Paulo, fortaleceu nela o desejo de contribuir para levar informação às igrejas. Desde então, ela tem dado palestras alertando os fiéis e os líderes comunitários sobre as diferentes formas de violência contra a mulher.

"A diferença na fala das mulheres evangélicas em relação às não evangélicas está sempre relacionada a ideias opressoras, como o dever de submissão ao marido a qualquer custo, a obrigação de ter que perdoar o parceiro por seus atos violentos, a culpa por prejudicar sua reputação dentro da comunidade no caso de vir a denunciá-lo, o medo de ser julgada por estar indo contra a Palavra de Deus. Elas também se sentem culpadas por não orarem o suficiente para que o cônjuge mude de comportamento e, no caso de pedirem o divórcio, julgam-se as responsáveis por destruir a família."

São modelos mentais difíceis de tocar. Na visão de Daniela Grelin, para que haja avanços maiores dentro dessas comunidades, essas crenças que depreciam a figura feminina precisam ser confrontadas e, as distorções, trazidas à luz. "Na essência da cultura judaico-cristã está a ideia da dignidade da pessoa humana criada, homem e mulher, à imagem e semelhança de Deus. Esse é o padrão que deve ser ensinado."

Um exemplo desses ensinos equivocados, segundo a diretora do Instituto Avon, está na fala de algumas mulheres que participaram de uma pesquisa feita pela Folks Netnográfica, em 2018. A pedido do instituto, a empresa analisou mais de 500 comentários de homens e mulheres sobre o tema da violência contra a mulher, coletados no Facebook, Twitter, Instagram, além de sites, blogues (específicos sobre o tema e genéricos); fóruns de debates e vídeos no YouTube (depoimentos de blogueiras e documentários). "Foi um mergulho em conversas feitas no mundo digital sobre esse assunto. Algumas falas mostram claramente como essas

PASTOR, EU NÃO QUERO MAIS APANHAR

crenças constituem barreiras morais no enfrentamento à violência."

Como estas, cujo tema das postagens era o abuso sexual:

> "Graças a Deus, consegui superar essa situação, mas tenho visto que tem algumas irmãs na igreja que são mulheres abatidas, que têm algum problema, mas, pelo fato de serem evangélicas, não contam. E eu lembro de mim, que não gritava para não chamar atenção de minha mãe, mas várias vezes fui violentada por ele... Tive medo do que a igreja poderia pensar. Tanto que ninguém na igreja nem soube, porque eu nem comentei. O medo trabalha na nossa vida na forma de vergonha. *Ah, eu sou evangélica, o que as pessoas vão falar?* A igreja nos rotula com a questão de que, se isso está acontecendo, é porque você está em pecado."

> "Eu fui criada para acreditar que, se um homem se sentisse provocado por mim, era meio que culpa minha. Era a forma como meus pais entendiam a religião deles e como me ensinaram... Eu acho que foi por isso que eu nunca denunciei. Na verdade, nunca contei para ninguém."[5]

A polarização social e política também restringe o acesso aos evangélicos, segundo a executiva do Instituto Avon, ao amplificar os discursos de ódio e a desconfiança. A Pesquisa Edelman Trust Barometer 2020, feita anualmente pela agência global de comunicação

---

[5] "As vozes da internet: violência contra a mulher", Pesquisa da Folks Netnográfica, 2018, p. 190.

para medir o nível de confiança dos cidadãos nas instituições, aponta que "vivemos um momento histórico de colapso da confiança", diz Daniela. "Eles chamam isso de 'infodemia', ou seja, uma epidemia associada à informação. A maioria das pessoas entrevistadas no mundo todo acredita que as empresas, o governo e a mídia trabalham para desinformá-las. Diante disso, perdemos a capacidade de confiar uns nos outros e, consequentemente, de colaborar com as boas causas, uma vez que colaboração pressupõe confiança."

Até as igrejas — espaços tradicionalmente associados à formação de vínculos de amizade e solidariedade — viraram campos de batalha, ao serem cooptadas pelo espírito da época, por radicalismos e ideologias políticas extremistas.

"É como se tivéssemos desaprendido a discordar civilmente. Tudo virou uma luta do bem contra o mal. Se você pensa alguma coisa diferente de mim em qualquer aspecto, você é do mal, então não apenas eu não concordo com você, como acho que você nem deveria existir. Eu o cancelo."

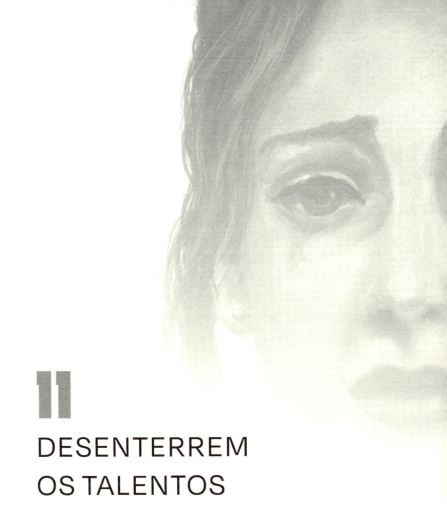

11
DESENTERREM OS TALENTOS

Defenda os que não têm voz e os direitos dos excluídos.
Defenda a justiça! Aja em favor do pobre e do necessitado.

PROVÉRBIO DE LEMUEL, ENTRE 970 E 687 A.C.[1]

Se alguns discursos radicais afugentam os evangélicos e podem retardar avanços na pauta do enfrentamento à violência contra a mulher dentro das igrejas, é certo que, sem eles, os atrasos seriam ainda maiores.

A própria Lei Maria da Penha, que transformou violência doméstica em crime, foi uma resposta da indignação e da pressão de movimentos feministas diante de assassinatos, mutilações e estupros, muitos dos quais, até então, ficavam sem a devida punição.

Em 1983, a farmacêutica bioquímica cearense Maria da Penha Fernandes foi vítima de dupla tentativa de homicídio por parte de seu então marido, Marco Antônio Heredia Viveros. Ele atirou nela pelas costas, enquanto dormia, o que a deixou paraplégica. Quatro meses depois, quando Maria da Penha voltou para casa, após duas cirurgias, Marco Antônio a manteve em cárcere privado durante duas semanas e tentou eletrocutá-la durante o banho. Ele só foi julgado em 1991, ou seja, oito anos após o crime, sendo sentenciado a 15 anos de prisão. Entretanto, devido a uma série de recursos da defesa, saiu do fórum em liberdade. Em sua batalha por

---

[1]Provérbios 31:8-9, *Bíblia A Mensagem.*

justiça, Maria da Penha escreveu o livro *Sobrevivi... posso contar* (1994), relatando seu drama pessoal. Em 1998, o caso ganhou repercussão internacional, resultando em denúncias do Centro para a Justiça e o Direito Internacional e o Comitê Latino-Americano e do Caribe para a Defesa dos Direitos da Mulher junto à Comissão Interamericana de Direitos Humanos da Organização dos Estados Americanos (CIDH/OEA). Após vários anos de debates e pressões de ONGs feministas e associações de luta pelos direitos humanos, o Congresso Brasileiro aprovou, em 2006, a Lei nº11.340, que ficou conhecida pelo nome da ativista.

"Dos 38 anos de idade, quando sofri a tentativa de assassinato, até a resposta da justiça brasileira ao caso, foram exatos 19 anos e 6 meses de luta. Eu já estava com 57 anos de idade quando o meu agressor foi preso", escreveu Maria da Penha, em fevereiro de 2021, em carta endereçada ao Supremo Tribunal Federal.[2]

 ▮▮ ▮▮

"A compreensão que se tinha antes era de que esse tipo de agressão era justificável, uma legítima defesa da honra masculina. Um dos grandes avanços dessa legislação foi criminalizar o ato de violência contra a mulher", afirma Regina Célia Barbosa, cofundadora, vice-presidente e diretora pedagógica do Instituto Maria da Penha, no Recife.

---

[2]Carta enviada por Maria da Penha ao STF no dia do aniversário dela, em 01 de fevereiro de 2021. Disponível em: https://bit.ly/3o4wQ3u. Acesso em: 16 fev. 2021.

O instituto recebe e encaminha, para órgãos públicos competentes, as vítimas de violência, treina voluntários na escuta e orientação dessas mulheres e promove debates para aumentar a conscientização sobre os problemas envolvendo a cultura da violência de gênero. O objetivo é contribuir para a aplicação integral da Lei Maria da Penha.

Evangélica e ativa colaboradora de movimentos em defesa da dignidade feminina, Regina Célia exibe um belo currículo de educadora: tem mais de vinte anos de experiência como professora universitária, é filósofa, cientista política e doutoranda em Direito, Justiça e Cidadania para o século XXI pela Universidade de Coimbra, em Portugal. Tanta experiência e qualificação, que poderiam servir de inspiração e suporte para as igrejas interessadas no tema, na verdade passam despercebidas. "Para muitas, eu virei 'aquela irmã da Lei Maria da Penha'", ela brinca. "Falam isso com conotação negativa. É como se os problemas que eu levanto em minhas palestras não existissem dentro da igreja; só fora."

A professora encontra resistência quando tenta promover oficinas ou cursos de capacitação para líderes evangélicos. "Algumas [igrejas] criam uma blindagem. Esses temas dão trabalho; é preciso sair do comodismo, montar grupos de discussão, capacitar direito as pessoas. Temos um problema sério com líderes de casais, por exemplo, que são muito mal-preparados. Às vezes não têm experiência nenhuma sobre o que constitui um relacionamento abusivo, nunca leram nada sobre o ciclo da violência. Eles apenas reproduzem jargões e

DESENTERREM OS TALENTOS

continuam propondo as velhas saídas para as crises conjugais: jantares românticos, cafés da manhã românticos, cerimônias de renovação de votos. Nada disso toca o cerne do problema", ela diz.

Ao fechar os olhos para questões sociais tão graves, as igrejas, além de se tornarem coniventes, estão, segundo Regina Célia, "enterrando seus talentos".

"Nós oramos para o irmão passar no Enem; oramos para outro passar no mestrado; para conseguir terminar o doutorado; o pós-doutorado. Oramos pela formação desses profissionais, mas não usamos o seu conhecimento! Temos PhDs em Física, em Química, temos assistentes sociais, defensores públicos, psicólogos. Temos zilhões de contadores, mas muitos membros estão se afundando em dívidas, sem poder contar com nenhuma orientação financeira. Vemos pessoas em dificuldades na justiça e os advogados capacitados que frequentam a comunidade não são nem lembrados; vemos centenas de analfabetos funcionais, tendo tantos bons educadores. Essa é uma igreja que está enterrando seus talentos."

Nas congregações que a convidam para dar palestras, Regina Célia costuma desafiar os espectadores: "Irmãos, vamos orar, vamos jejuar, vamos louvar. Mas vamos também prestar um culto racional. Vamos fazer como Salomão, que utilizou os melhores profissionais que havia para construir o Templo para Deus."

"Por que não chamar os psicólogos para ajudar mulheres em situação de violência? Vamos montar um corpo técnico, verificar quem pode se voluntariar, qualificar essas pessoas, apresentar as novas abordagens. A Bíblia é a nossa referência, mas temos que nos atualizar para que possamos ter pessoas curadas, avivadas, que tenham conhecimento — a Palavra diz que 'meu povo perece por falta de conhecimento', e não é só conhecimento da Bíblia, mas também de questões seculares, conhecimento da ciência e da tecnologia, porque toda ciência vem de Deus, porque dele, por ele e para ele são todas as coisas."

Regina Célia se anima quando menciona as igrejas jovens, que têm sido mais receptivas ao tema, convidando-a para ensinar estratégias de enfrentamento desses desafios. "São igrejas formadas por profissionais que estão sendo cobrados em seus próprios trabalhos, nas empresas, que precisam estar atualizados e até mesmo engajados nessas questões. Eles se interessam, são mais flexíveis, estão abertos a discutir o racismo, a homofobia, a importunação sexual. Aos poucos, as coisas vão mudando. Mas é tudo muito devagar."

O PAPEL DOS PASTORES

Esses esforços de atualização precisam ser encorajados e validados pela autoridade máxima da comunidade: o pastor.

É a voz fundamental para criar um ambiente apropriado ao debate e à implementação de grupos de apoio. "Os pastores são ouvidos pelos homens mais do que qualquer outro líder. Sua influência pode despertá-los a exercer uma masculinidade responsável e amorosa, ao invés de uma masculinidade tóxica e violenta", diz Daniela Grelin, do Instituto Avon.

"Os pastores precisam entender que a violência contra a mulher não é um problema só das mulheres,

DESENTERREM OS TALENTOS

mas de todos, pois ela permeia as igrejas, as famílias, as empresas, todas as esferas das autoridades públicas constituídas. Todos nós temos um papel a desempenhar. Assim como não é possível deixar que apenas os negros lutem pelo fim do racismo, ou relegar apenas aos judeus lutarem contra o antissemitismo, não é possível relegar somente à mulher, a figura mais fragilizada na questão da violência, a tarefa de se erguer sozinha. É necessário engajar os homens nessa mudança", defende a executiva.

A advogada Priscila Diacov acredita que iniciar um trabalho de acolhimento a vítimas de agressão dentro das igrejas depende de um forte engajamento. "É um trabalho complexo, de muitas mãos. Pastores e demais lideranças precisam ser capacitados para poder ensinar as famílias sobre as diferentes formas de abuso, sobre violência infantil, de gênero, além de oferecer espaços seguros de escuta e, se possível, criar uma equipe de apoio com especialistas. Importa que essas mulheres sejam escutadas, acolhidas e que recebam orientação adequada para preservação da vida e de sua dignidade."

"E os agressores também precisam de ajuda", observa Priscila. "A igreja pode cuidar dos homens violentos, abrindo grupos de conversas para tratar as feridas emocionais, a ira, os abusos sofridos por eles na infância. É importante que sejam acompanhados por mentores capacitados, homens que estejam dispostos a caminhar com esses agressores nesse longo caminho de recuperação."

INSPIRAÇÃO PARA AS IGREJAS

Algumas organizações cristãs com programas específicos
de enfrentamento à violência contra a mulher

Quebrando o Silêncio

Projeto criado em 2002 pela Igreja Adventista do Sétimo Dia, em oito países da América do Sul (Argentina, Brasil, Bolívia, Chile, Equador, Paraguai, Peru e Uruguai). Tem conteúdos que promovem a conscientização contra abusos, violência doméstica, vícios. Seus principais objetivos são: conscientizar a sociedade em geral sobre o assunto; sensibilizar autoridades para estimular políticas públicas preventivas; mostrar a crianças, mulheres e idosos a importância de denunciar qualquer tipo de abuso e buscar apoio de órgãos competentes, dando um fim ao ciclo da violência. Orientar famílias e educadores sobre medidas de prevenção; oferecer suporte jurídico e psicológico a vítimas de abuso e violência doméstica.

O projeto ganhou projeção nacional e alguns estados e municípios instituíram em seu calendário oficial o "Dia do Quebrando o Silêncio". No site do projeto é possível encontrar informações e artigos, além de baixar os materiais das campanhas.

■ https://quebrandoosilencio.org/

Fundação Francisca Franco

Ligada à Igreja Presbiteriana Independente de São Paulo, a ONG foi criada em 1954 por Isaac e Odila

Vieira do Lago Franco, com objetivo de atender a pessoas em situação de vulnerabilidade social. O nome da fundação é uma homenagem à mãe de Isaac, um próspero empresário mineiro e filantropo. Em 2012, a fundação criou o Centro de Defesa e Convivência da Mulher — CDCM — para acolher mulheres vitimadas por violência, oferecendo orientações jurídica, psicossocial e socioeducativa, além de encaminhamentos para outros serviços da rede pública assistencial. Faz em média 2.500 atendimentos anualmente.

Centro de Defesa da Mulher: Rua Conselheiro Ramalho, 93, Bela Vista, São Paulo/SP.

- https://fundacaofranciscafranco.blogspot.com/

DNA da Mulher Brasileira

Projeto de autoria de mulheres líderes de várias denominações cristãs de Curitiba, no Paraná, participantes do Movimento Mulheres que se Importam. Promove o curso "Capacitação para a Mulher Brasileira", com ferramentas de suporte a pessoas engajadas no combate à violência doméstica. Oferece oficinas de empreendedorismo e psicoterapia.

- https://www.facebook.com/dnadamulherbrasileira/

Núcleo Cristão Cidadania e Vida

Desde 2001, atua como uma organização de assistência social, com o objetivo de ajudar famílias carentes por meio de projetos sociais. Criou o Centro de Defesa e Convivência da Mulher — Casa Mariás —, espaço integrativo para mulheres vítimas de violência doméstica que disponibiliza abrigo, serviços de reparação de danos e prevenção de incidência e reincidência de abusos físico, sexual, psicológico, patrimonial e moral.

Casa Mariás CDCM — Rua Soldado José Antônio Moreira, 546, 1º Andar, Jd. Japão, São Paulo/SP

- https://www.nccv.org.br/

Evangélicas pela Igualdade de Gênero

Coletivo formado por voluntárias que se autodenominam "ativistas digitais". Promove ações visando reduzir desigualdades entre homens e mulheres no espaço religioso e empoderar mulheres evangélicas. Oferece cursos, encontros para reflexão e escuta.

- https://www.facebook.com/mulhereseig

Espelho Meu

Ligado à Igreja Betesda de São Paulo, tem como objetivo despertar o olhar da comunidade para a temática da violência contra a mulher. Para isso, faz palestras, fóruns e busca apoiar os equipamentos de acolhimento à mulher na cidade de São Paulo, em especial a Casa Mulheres Vivas, no Campo Limpo.

- https://www.espelhomeu.sampa.br/

Projeto Raabe

Ligado à Igreja Universal do Reino de Deus, o programa oferece suporte espiritual, psicológico e judicial para mulheres com histórico de abuso, traumas e violência doméstica. Disponibiliza um curso gratuito de autoconhecimento que tem ajudado mulheres a ter força para sair do ciclo de violência. O curso "Autoconhecimento" está disponível on-line por meio da plataforma Univer Vídeo. Também há uma linha direta de atendimento pelo WhatsApp.

- https://www.universal.org/se-conheca-melhor/enderecos-projeto-raabe/

Celebrando a Recuperação

Não é específico para mulheres, mas o CR, como é conhecido, é um programa terapêutico que reúne pessoas com todo tipo de compulsão — álcool, drogas, sexo, compras etc. Por essa razão, costuma receber mulheres que acompanham seus companheiros para terapia, mas acabam, elas mesmas, percebendo que precisam de ajuda. O programa é baseado nos 12 passos do Alcoólicos Anônimos e em princípios de cura contidos nas bem-aventuranças de Jesus (Mateus 5:3-16). A metodologia do Celebrando a Recuperação é utilizada por 35 mil igrejas ao redor do mundo, em 80 países, e foi traduzida para 25 idiomas. No Brasil, já alcança cerca de 700 igrejas.[3]

- www.celebrandoarecuperacao.org.br/

---

[3]Dados referentes a fevereiro de 2021.

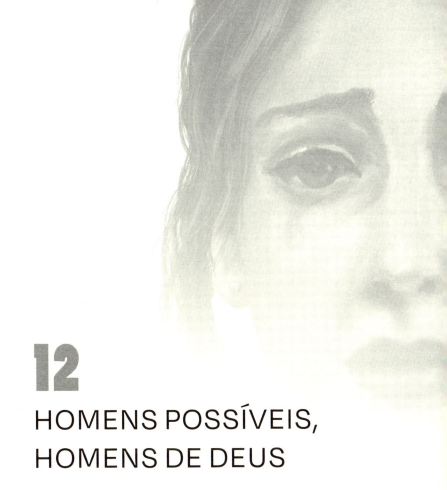

12
HOMENS POSSÍVEIS, HOMENS DE DEUS

Embora estreito o portão, sigo adiante,
Mesmo tendo ao lado o castigo e o desatino,
Da minha alma eu sou comandante;
Eu sou o senhor do meu destino.

WILLIAM ERNEST HENLEY[1]

Te desejo tudo de bom
Porque o melhor você já perdeu
Me perdeu
Me perdeu
Te desejo tudo de bom
Porque o melhor você já perdeu (diz aí)
Me perdeu
Me perdeu
O melhor de você era eu

GEORGE HENRIQUE E RODRIGO[2]

A construção de uma masculinidade saudável e equilibrada — não necessariamente heroica, como a do poeta inglês William Ernest Henley, em seu clássico "Invictus", nem tão narcisista e presunçosa quanto a da dupla sertaneja universitária George Henrique e Rodrigo — tem sido objeto de um crescente número de estudos nos últimos anos.

---

[1]Poema "Invictus", de William Ernest Henley.
[2]Canção "Segue o plano", da dupla George Henrique e Rodrigo.

O interesse maior por esse assunto pode ser atribuído, em parte, à evolução global da consciência a respeito dos impactos negativos das violências de gênero, que resultou no surgimento de novas legislações e, consequentemente, de inquéritos policiais e denúncias contra os autores de agressão, dando mais visibilidade ao problema.

Nesse contexto, muitos grupos terapêuticos exclusivos para homens foram criados, ligados a órgãos públicos, instituições filantrópicas ou ONGs. No Brasil, essa expansão se deu mais notadamente a partir de 2006, data da entrada em vigor da Lei Maria da Penha. Entre suas inovações, a legislação prevê, em seu artigo 35, a criação de centros de educação e reabilitação para os agressores e, no artigo 45, a determinação de seu comparecimento obrigatório a programas de reeducação.

"Antes desse dispositivo legal, havia no Brasil apenas algumas iniciativas dispersas e pontuais de trabalho com homens agressores. Em outros países, como Canadá e EUA, há registros desses trabalhos desde o início da década de 1990", escreve Sérgio Flávio Barbosa, professor de filosofia e sociologia e coordenador, ao lado da promotora de justiça Gabriela Manssur, do projeto Tempo de Despertar, para ressocialização de homens enquadrados na Lei Maria da Penha. Durante a pandemia provocada pelo novo coronavírus, em 2020, Barbosa criou o canal "Justiceiros", com salas para conversas virtuais para homens.[3]

---

[3]Instituto Patrícia Galvão, *Violência doméstica e familiar contra a mulher* — um problema de toda a sociedade. Paulinas, 2019, p. 129.

Outro pesquisador, o doutor Adriano Beiras, da Universidade Federal de Santa Catarina, listou nada menos que 312 desses movimentos, públicos ou da iniciativa privada.[4]

Homens em Conexão, Homem Paterno,[5] Casa dos Homens,[6] Balaio de Pais,[7] Masculinities,[8] Memoh,[9] E Agora José,[10] Brotherhood Brasil,[11] Ressignificando Masculinidades[12] — esses são apenas alguns entre tantos grupos organizados mais recentemente com intuito de discutir questões de interesse do universo masculino, na tentativa de produzir reflexão, responsabilização e mudança de comportamentos violentos.

No caso dos homens que são obrigados por lei a participar dos programas de reabilitação, a reação inicial, contudo, é bastante negativa. Barbosa afirma

---

[4]O mapeamento foi feito com os pesquisadores Daniel Fauth Martins e Michelle de Souza Gomes Hugill (UFSC), em parceria com o Grupo de Pesquisa Margens, Departamento de Psicologia da UFSC e o Cocevid — Colégio de Coordenadores. Disponível em: https://bit.ly/2SxIt7d . Acesso em: 14 fev. 2021.

[5]Homens em Conexão, Homem Paterno. Disponível em: https://bit.ly/3hjAKnU. Acesso em: 15 fev. 2021.

[6]Casa dos Homens. Disponível em: https://bit.ly/2Raj3fG. Acesso em: 15 fev. 2021.

[7]Balaio de Pais. Disponível em: https://bit.ly/3hixTvp. Acesso em: 15 fev. 2021.

[8]Masculinities. Disponível em: https://bit.ly/3blt9kH._Acesso em: 15 fev. 2021.

[9]Memoh. Disponível em: https://bit.ly/3eARiFR. Acesso em: 15 fev. 2021.

[10]E Agora José. Disponível em: https://bit.ly/33D0wvb. Acesso em: 15 fev. 2021.

[11]Brotherhood Brasil. Disponível em: https://bit.ly/2ReBU9j. Acesso em: 15 fev. 2021.

[12]Ressignificando Masculinidades. Disponível em: https://bit.ly/3felRAv. Acesso em: 15 fev. 2021.

HOMENS POSSÍVEIS, HOMENS DE DEUS

> Eles chegam revoltados. Percebemos que a "identidade masculina" vê a violência doméstica como algo quase natural, quase como sinônimo de masculinidade. Tipo "homem é quem manda". Um dos objetivos principais dos trabalhos em grupo é desnaturalizar essa violência, que vai desde obrigar a companheira a servir a comida até ter relações sexuais com ele.[13]

O condenado pela Lei Maria da Penha deve participar de 26 encontros, recebendo acompanhamento por até dois anos. As primeiras atividades já revelam o impacto do que se ouve ali. "Há falas recorrentes como: 'se eu tivesse ouvido antes tudo o que conversamos, com certeza eu não estaria aqui hoje.'" Segundo Barbosa, a experiência desse rapaz de 23 anos sinaliza que há ainda poucos trabalhos que

> falem a linguagem masculina, para que os homens possam entender e se ligar na mensagem. A prevenção deve acontecer de forma precoce. Sabe-se que é na adolescência que começamos a cristalizar os valores das masculinidades.[14]

■■ ■■

Um empreendimento que teve boa repercussão nesse despertar existencial masculino é o Papo de Homem, um portal independente que produz conteúdos diversificados para homens de todas as idades — textos,

---

[13]Instituto Patrícia Galvão, *Violência doméstica e familiar contra a mulher* — um problema de toda a sociedade. Paulinas, 2019, p. 130.
[14] Ibid. p. 130.

vídeos e cursos. Ele foi criado em 2006 pelo jornalista mineiro Guilherme Valadares, inicialmente como um fórum de debates para jovens, que trocavam ideias sobre trabalho, relações pessoais, saúde, dinheiro. Foi crescendo até se transformar num portal com 2 milhões de acessos únicos por mês e 700 autores voluntários. "Propomos deixar de lado as narrativas heroicas e os machos alfa, tão frágeis em sua eterna autoafirmação. É tempo de homens possíveis", informa sua apresentação no site.

Há muitas dicas para organizações que desejam iniciar um trabalho de escuta e acolhimento específico para homens. As igrejas também podem se beneficiar dessas metodologias, buscando um modelo que se ajuste às necessidades locais e à linguagem cristã.[15]

Um feito significativo desses empreendedores sociais foi coordenar uma pesquisa nacional sobre aspectos que definem a masculinidade no Brasil. Trinta voluntários trabalharam durante um ano, ouvindo mais de 40 mil pessoas de todas as regiões brasileiras, a maioria do sexo masculino. Os resultados foram transformados no documentário *O silêncio dos homens*, um filme tocante com depoimentos de indivíduos que conseguiram ressignificar valores antigos sobre o que caracteriza um homem verdadeiramente íntegro. O projeto, lançado em 2019, teve apoio das marcas Natura Homem e Reserva, e foi pilotado pelo Instituto PdH — braço de pesquisa do site Papo de Homem, e da Zooma Inc, além da ONU

---

[15]"Como montar um grupo de homens?". *Papo de Homem*, 2019. Disponível em: https://bit.ly/3tBBqYc. Acesso em: 15 fev. 2021.

Mulheres Brasil por meio do movimento Eles Por Elas — He For She.

A pesquisa descortina um universo marcado por solidão e isolamento emocional. Um em cada quatro homens de até 17 anos admitiu sentir-se solitário o tempo todo; 37% deles nunca conversaram com ninguém a respeito do que significa ser homem; 6 a cada 10 entrevistados afirmam lidar com distúrbios emocionais em algum nível — ansiedade, depressão, vício em pornografia e insônia são os mais comuns. Mesmo diante dessas constatações, eles relutam em buscar ajuda: apenas um em cada dez já foi ao psicólogo. Vícios como álcool, demais drogas, comida, apostas e jogos eletrônicos também foram muito presentes na amostragem.[16]

Para Guilherme Valadares, coordenador da pesquisa, o silêncio masculino tem sentido amplo.

> É emocional, verbal, social, tanto individual como coletivo. Estamos falando de uma rigidez psicológica, que se torna um vulcão quando associada aos "mandamentos da masculinidade": ser bem-sucedido profissionalmente, não agir de modos que pareçam femininos, não levar desaforo pra casa, dar em cima das mulheres sempre que possível, não expressar emoções, dentre outros.[17]

---

[16]"O silêncio dos homens", pesquisa encomendada pela plataforma Papo de Homem como parte do documentário homônimo. Disponível em: https://bit.ly/3f8aKJj. Acesso em: 15 fev. 2021.

[17]Release do documentário *O silêncio dos homens*, Carta Capital, 2019. Disponível em: https://bit.ly/3o7pFre. Acesso em: 15 fev. 2021.

O silêncio masculino foi bem retratado nesse filme realizado por jovens antenados, que dominam a linguagem do século 21. Não obstante, vinte anos antes deles, ainda na década de 1990, um respeitado psicólogo estadunidense produziu uma obra sobre o assunto, que se tornou um *best-seller* da literatura cristã contemporânea.

O doutor Larry Crabb,[18] com seus colegas Don Hudson e Al Andrews, lançou em 1998 o livro *O silêncio de Adão*, em que analisa casos clínicos de pacientes à luz de passagens bíblicas sobre a criação do primeiro homem, descrita no livro de Gênesis. Ele propõe que a inclinação masculina de se calar diante de conflitos relacionais é tão antiga quanto o Jardim do Éden.

> Quando a serpente encetou uma conversa com Eva com o intuito de confundir suas ideias a respeito da bondade de Deus, Adão não disse nada. Contudo, estava ouvindo cada palavra! Ele ouviu Eva citar incorretamente a ordem de Deus que ele, Adão, lhe transmitira cuidadosamente. Estava observando quando ela começou a olhar a árvore proibida. Viu quando ela deu um passo na direção da árvore e estendeu a mão para apanhar o fruto. E não fez coisa alguma nem falou palavra alguma para detê-la. Adão permaneceu em silêncio. Por quê?[19]

---

[18]Na semana em que escrevia este capítulo, me entristeci ao ler a notícia sobre a morte do dr. Crabb, no dia 28 de fevereiro de 2021, aos 77 anos.
[19]Larry Crabb, *O silêncio de Adão*. Editora Sepal, 1998, p. 7.

HOMENS POSSÍVEIS, HOMENS DE DEUS

Crabb sugere que essa tendência à omissão limita o crescimento emocional e espiritual, ao bloquear movimentos mais largos em direção aos "mistérios" da vida.

> O homem sente-se mais confortável em situações nas quais sabe exatamente o que fazer. Quando as coisas ficam confusas ou apavorantes, suas entranhas se contraem e ele se afasta. Quando a vida o frustra com sua enlouquecedora imprevisibilidade, ele sente a raiva crescer dentro de si. E então, cheio de terror e fúria, ele se esquece da verdade de Deus e trata de se defender. Desse ponto em diante, tudo dá errado. Voltado apenas para si mesmo, ele se vira para fazer sua vida funcionar. O resultado é o que vemos todos os dias: paixões sexuais descontroladas, maridos e pais sem envolvimento, homens zangados que amam estar no controle de tudo. E tudo isso começou quando Adão se recusou a falar.[20]

O doutor Crabb vai além ao sugerir que o silêncio de Adão foi responsável por levar a criação de volta ao caos.

> A palavra de Deus criou a partir do caos. [...] Deus usou a linguagem para produzir relacionamento; Adão usou o silêncio para destruir relacionamento. Deus descansou depois de sua obra criadora; Adão teve que trabalhar mais como resultado de seu silêncio. Adão arruinou o Paraíso porque não agiu; o portador

---

[20]Ibid. p. 8.

da imagem de Deus não refletiu o seu Deus, porque escolheu se ausentar e ficar calado, esquecendo-se da ordem de Deus.[21]

O caminho de volta a um tipo de masculinidade que reflita a imagem de Deus, segundo Larry Crabb, passa pela desconstrução de mitos de poder e controle, pelo reconhecimento dos fracassos pessoais a que todos estamos sujeitos, pelas dificuldades de diálogo com as pessoas a quem amamos e pela entrega de coração a um Deus totalmente amoroso e compassivo, disposto a perdoar e nos tirar dos becos sem saída. Ele propõe ainda que o desenvolvimento dessa masculinidade madura envolve buscar relacionamentos com homens inspiradores, mentores espirituais mais velhos, experimentados no sofrimento, no arrependimento diante de pecados cometidos e no desejo de imitar o único homem perfeito, a quem a Bíblia chama de segundo Adão: Jesus.

> Se os homens hoje se dispuserem a olhar para dentro da escuridão, a lembrar-se de Deus, e depois falar palavras que trazem vida aos outros; se eles estiverem dispostos a caminhar pelo íngreme, estreito e longo caminho que leva à verdadeira masculinidade, então talvez nossos filhos entrem na idade adulta com a bênção de uma geração mais velha de mentores, homens que sabem ser bons pais enquanto caminham com seus irmãos rumo ao lar.[22]

---

[21]Ibid. p. 119.
[22]Ibid. p. 190.

HOMENS POSSÍVEIS, HOMENS DE DEUS

■■ ■■

"Homens são complexos, eles escondem seus sentimentos", afirma outro especialista no assunto, Paul Louis Cole, presidente do Christian Men's Network (CMN), um ministério paraeclesial americano que promove cursos e seminários sobre o papel dos homens e das mulheres cristãs.

O CMN foi criado no fim da década de 1970 por Edwin Cole, pai de Paul, um pastor da Califórnia que sentiu o chamado de pregar para homens e "alcançá-los para o Reino de Deus", afirma Paul. O CMN já levou seus cursos e metodologia de trabalho para nada menos que 134 países, treinando, segundo a organização, mais de 1 milhão de líderes cristãos. Com o tempo, o ministério ampliou seu escopo de atuação e passou a batalhar também contra o abuso infantil e o tráfico de crianças. A "Iniciativa de Paternidade Global" do CMN alcança as nações divulgando o princípio de que "toda criança merece um pai amoroso".[23]

Falar sobre hombridade nos dias de hoje, segundo Paul, é bem mais desafiador do que quando seu pai começou o trabalho. "Não há mais um modelo único de como um verdadeiro homem deve proceder. O que significa ser um homem? As pessoas não sabem mais. Em alguns lugares, é ser um guerreiro, um macho; em outros, é ser um artista, uma pessoa sensível. Basicamente, o que ensinamos é que ser um homem de verdade é

---

[23]Christian Men's Network. Disponível em: https://bit.ly/2QanA1h. Acesso em: 15 fev. 2021.

ser mais parecido com Jesus Cristo. Quando falamos em liderança, falamos de liderança servidora, porque Jesus ensinava a servir. Nos Evangelhos, ele fala 350 vezes em servir, e apenas uma em liderar. Mas é muito difícil promover uma conferência e chamá-la de 'Conferência sobre Servir', porque todos querem conferências sobre liderança. Mas Jesus enfatizou que, quanto mais você serve, mais se qualifica para liderar."

Paul costuma dizer que não se deve confundir a natureza gentil de Jesus Cristo com fraqueza. "Homens fracos são os que precisam parecer fortes e acabam se tornando ditadores ou autoritários. Jesus tinha tanta confiança em sua identidade de filho amado de Deus, que ele podia ser manso, sem se importar se iria parecer fraco. Ele não precisava provar nada para ninguém."

Paul Cole viaja pelo mundo dando palestras sobre esse modelo ideal de masculinidade. "A maior dificuldade para pregar essa mensagem é, de fato, a infantilidade dos homens que encontro. Quantas vezes escuto em aconselhamentos os homens dizerem: 'Eu levo dinheiro para casa, então quero ter minhas necessidades atendidas.' Mas isso não é uma atitude de quem quer servir, de quem deseja suprir necessidades emocionais, de segurança, de disciplina dos filhos, de afirmação."

Para o presidente do CMN, uma das razões pelas quais os movimentos feministas radicais ganharam força foi justamente o fato de que "os homens fizeram coisas terríveis com as mulheres ao longo da história e elas não aceitam mais isso. Entendo o problema, não as julgo. O próprio Jesus empoderou as mulheres com quem se relacionou. No livro de Atos, na igreja dos primeiros

HOMENS POSSÍVEIS, HOMENS DE DEUS

dias, havia muitas mulheres trabalhando ativamente na igreja".

"Uma delas, chamada Lídia, vendia tecidos finos para custear o ministério dos apóstolos. Quando Jesus conversou com a mulher samaritana, ele quebrou várias regras: primeiro, porque ele estava num lugar aonde os judeus não iam; segundo, porque ele falou com uma mulher reservadamente, o que também era proibido para um homem; terceiro, porque ela era uma mulher promíscua e tinha vergonha de sua condição. Mesmo assim, ele quebrou essas regras para alcançar o coração dela, porque é isso que Jesus faz o tempo todo, ele quebra regras para alcançar o nosso coração."

Pergunto a Paul Cole, numa conversa durante um café da manhã, num hotel em São Paulo, como ele costuma abordar os ensinamentos bíblicos sobre submissão feminina. "A Bíblia ensina a nos submetermos uns aos outros. E ensina que eu devo amar a minha mulher como Jesus amou a Igreja, e por ela devo entregar a minha vida. Muitos casamentos se desfazem porque o homem não cumpre a sua palavra de amá-la e honrá-la. O conceito de "submissão" tem sido ensinado errado, porque na maioria das vezes é ensinado por homens. E eles ensinam só a primeira parte do texto. Mulheres, submetam-se."

Os cursos do Christian Men's Network podem ser acessados no Brasil por meio dos treinamentos oferecidos pela Universidade da Família (UDF), uma organização cristã para formação de líderes de igrejas com a qual o CMN tem parceria. A UDF, criada em Pompeia, no interior paulista, pelo empresário Jorge Nishimura, um dos acionistas da Jacto Máquinas Agrícolas, e por sua esposa, Márcia, tem acordos com outros ministérios paraeclesiais americanos e também dá cursos sobre temas como aconselhamento conjugal, criação de filhos, finanças pessoais e liderança. Cerca de 110 mil pessoas passam anualmente pelos treinamentos: pastores, diáconos, presbíteros, entre outras lideranças.

Paul me mostra uma fotografia de sua neta, a pequena e graciosa Reese, e eu pergunto a ele: "Quando ela crescer, você conversará com ela sobre esse assunto?"

"Como falarei disso para minha neta Reese?", ele reflete. "Vou ensiná-la a sempre respeitar seu marido, a honrá-lo, a animá-lo, a orar sempre por ele. Acho que é isso que vou fazer."

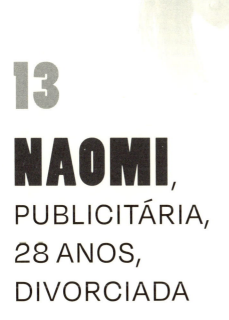

13
NAOMI,
PUBLICITÁRIA,
28 ANOS,
DIVORCIADA

> *"Se você pensa que é longo e furioso*
> *o vento que passa*
> *pelas velas da minha vida*
> *e decidir*
> *me deixar na praia*
> *do coração, onde tenho raízes,*
> *lembre-se*
> *que nesse dia,*
> *nesta hora,*
> *eu levantarei meus braços*
> *e minhas raízes partirão*
> *para buscar outra terra."*
>
> PABLO NERUDA[1]

Nunca imaginou que eu tivesse coragem de me separar dele. Nunca. Mas eu cheguei ao meu limite. Tentei durante dois anos e meio. Estava sufocada.

"Não dá mais", eu lhe disse naquele dia, na hora do almoço. Não chorei. Ele respondeu: "Você sabia que na Bíblia está escrito que uma mulher que pede o divórcio e se casa de novo é considerada adúltera pelo resto da vida? Você sabia que o que está fazendo é errado, destruir o nosso casamento?" "Eu não destruí nosso casamento sozinha", respondi.

Enquanto estivemos casados, sinto que me afastei da igreja, porque ele dava desculpas para não ir. E não gostava

---

[1]Pablo Neruda, poema "Se você me esquecer".

NAOMI, PUBLICITÁRIA, 28 ANOS, DIVORCIADA

que eu fosse sozinha. Não me chamava para orar, não fazia questão de ler a Palavra. E agora, com aquela cara de pau, me jogava a Bíblia na cara. Citava versículos.

Peguei minha bolsa e fui para a casa dos meus pais. Chorei de alívio, de alegria. Estava livre! Choramos juntos, meus pais e eu. Depois me senti muito bem. Muito bem mesmo. Umas amigas me diziam: "Você vai ver como é difícil: você se separa, mas sente falta da pessoa." Nunca senti falta dele.

■■ ■■

Meus pais me chamavam de "gordinha": "Minha gordinha", eles diziam, carinhosamente. Outro dia vi umas fotos desse tempo de criança. Eu me espantei. Eram retratos de uma criança normal, nem magra, nem gorda. "Eu não era gordinha", pensei. Minhas irmãs, sim, eram muito magras. Raquíticas. Eles me comparavam com elas e me viam gorda. Essa imagem colou em mim, sabe? Eu vivo fazendo dieta.

Jônatas me chamava de gata, me elogiava. No namoro, nunca fez nenhum comentário negativo sobre minha aparência. Gosto de me cuidar, de ir à academia. Nem é tanto pela questão estética, mas porque me faz sentir bem.

Antes do casamento, fiz um regime radical. Desses de passar fome. Fiquei magérrima! Tudo para ficar linda no vestido de noiva. Foi uma noite inesquecível. O casamento dos sonhos, como eu sempre desejara. Alugamos uma casa de campo, chamamos um bufê elegante. Festa para trezentas pessoas.

Fomos para o México na lua de mel. Nos fins de semana ou feriados, viajávamos para hotéis charmosos em cidades turísticas. Foi uma fase muito boa. Aquele doce estado de paixão e alegria durou três meses.

Namoramos pouco tempo, nem um ano. Minha irmã mais velha anunciou que ia se casar, e pouco tempo depois Jônatas telefonou para meu pai e perguntou se poderíamos marcar um jantar para reunir as nossas famílias. Ele queria tratar de algo importante.

Naquela noite, inesperadamente, ele pediu ao meu pai permissão para se casar comigo. Quando perceberam o que estava por vir, meus pais ficaram tensos; eles já enxergavam os problemas. Parece que todo mundo enxergava, menos eu.

Diante dos pais dele, dos meus pais e de um casal de amigos, Jônatas pediu a palavra e falou várias coisas bonitas para mim e sobre mim. Disse que me amava e que queria envelhecer ao meu lado. Disse que queria se casar comigo e que tinha pressa. Quer dizer, ele não disse isso com todas as letras, mas foi esse o recado.

Eu estava radiante. Ele me deu um anel de noivado, e em seguida começamos a planejar o casamento. Durante quase um ano, só falávamos nisso; tudo girava em torno da festa.

Hoje penso que nos conhecíamos muito pouco. Um ano de namoro não é nada. Se eu pudesse dar algum conselho para uma noiva nessa situação, eu diria para gastar mais tempo conhecendo a pessoa com quem vai se casar. Observar seus hábitos, conversar sobre seus objetivos de vida, ver se vocês têm visões de mundo semelhantes, se seus valores são os mesmos; fazer acordos, aprofundar o relacionamento, se aconselhar com pessoas maduras sobre questões conflitantes. Na multidão dos conselhos, há sabedoria.

Nós não fizemos nada disso; não nos preparamos — talvez tivesse me ajudado a enxergar. Quando estamos apaixonados, contudo, é difícil enxergar de qualquer jeito.

NAOMI, PUBLICITÁRIA, 28 ANOS, DIVORCIADA

Você me pergunta se as jovens evangélicas se casam mais rapidamente que as não evangélicas, só para ter intimidade sexual. Sim, penso que isso acontece. Existe, sim, uma pressão da igreja para o casamento puro, pois a Bíblia diz que o homem deve deixar pai e mãe e só depois disso se fazer "uma só carne" com sua mulher. Acredito que essa cultura colabore para que haja muitos casamentos apressados, sem que os casais se conheçam bem. Jônatas era um desses noivos apressados.

▪▪ ▪▪

Se tivesse namorado mais, quem sabe eu enxergasse. Desde o começo ele dava os sinais: por exemplo, minha família sempre recebeu muitas visitas; meus pais são muito hospitaleiros. E, por ser pastor, meu pai tem um coração aberto para acolher pessoas. Minha casa vivia cheia de gente. Jônatas detestava isso. Era quase um misantropo. Ele me puxava para sua casa, como se em seu território se sentisse mais seguro.

Só fazia o que tinha vontade — filho único, sabe como é. "Não vou lá, tem muita gente, não estou a fim", e não negociava. Casamento de uma grande amiga nossa, e eu implorei: "Você tem que ir, é a Cláudia." "Não estou a fim", respondeu. E ponto-final. Aquilo não cabia na minha caboça.

Não dava explicações, e eu chorava, pedia, questionava. Aconteceu várias vezes. Meus pais me diziam: "Naomi, veja bem, converse, se posicione."

A gente fica cega. Ele sabia como me ganhar; me dava presente quando eu ficava triste por algum desentendimento desse tipo. Presente é minha linguagem de amor.

Esse jeito meio manipulador teve o poder de me afastar dos meus pais e das minhas amizades da igreja. Meu pai sempre foi controlador com as filhas: "Onde você está, o que está fazendo, com quem?" Isso me irritava na época, mas hoje vejo como cuidado, zelo de pai. Mas, antes de me casar, Jônatas usava isso para me jogar contra ele: "Seu pai te controla demais", dizia. "Vem pra casa, vamos ficar aqui."

As qualidades do Jônatas? Vamos ver... Difícil lembrar. Era uma boa companhia quando ele realmente queria estar ali, presente. O problema é que isso era raro. Era mais comum ele se isolar.

███

Minha jornada de trabalho era mais longa que a dele. Eu chegava em casa cansada, e estava tudo por fazer. Combinamos, no início da vida a dois, que ele ajudaria com as compras e a louça, eu cozinharia e arrumaria a casa. Na prática, isso nunca aconteceu. Eu tinha que fazer tudo. Antes de eu sair para viagens a trabalho, ele perguntava: "Deixou comida na geladeira? A casa está abastecida?"

Como trabalhava na área financeira, ele controlava nossas despesas em planilhas. Cada centavo. Até fechei minha conta no banco, porque ele dizia: "Eu trabalho com isso, para mim é fácil, então deixa que eu cuido." "Ok", eu dizia. Não via nada de errado; você vai achando desculpas e vai se esquivando.

De cara, estabeleceu metas: "Você pode gastar xis por mês, porque temos que guardar tantos mil reais para daqui a tantos anos termos acumulado tantos milhões na conta e assim podermos viver de rendimento. Para isso, Naomi, você precisa se esforçar para ser promovida no trabalho,

NAOMI, PUBLICITÁRIA, 28 ANOS, DIVORCIADA

assim conseguiremos alcançar essa meta." "Mas eu não quero parar de trabalhar quanto tiver essa idade", eu dizia. "Desacelerar, talvez."

Se eu comprasse um tênis de corrida que estourasse o limite preestabelecido, ele ficava furioso. Foi o primeiro tipo de controle que ele teve sobre mim — o controle financeiro.

A essa pressão do dinheiro e às cobranças para que a casa estivesse sempre brilhando, a geladeira cheia e a comida pronta, sem que ele movesse uma palha para ajudar, somavam-se outras exigências. Eu precisava me cuidar mais, treinar mais, para não engordar.

Ele era bem direto: "Você está gorda; você está feia; você precisa parar de comer; tem que ir mais na academia." Com quatro meses de casados, eu havia engordado um pouco. Ele não aceitava!

Começou a pegar pesado com essa questão estética. Tinha reações estranhas, agressivas. Eu dizia: "Você não se casou com um corpo. Eu não vou ficar o resto da vida com o corpo que eu tinha aos 20 e poucos anos." Mas ele me ofendia sem dó, me colocava lá embaixo — ele sabia que eu tinha um problema de autoestima nessa área.

"Por que não vamos correr juntos?", eu convidava. "Assim um incentiva o outro." Ele gostava de correr, mas dizia que não iria mudar o horário do treino por minha causa. Chegava mais cedo que eu do trabalho e ia treinar sozinho.

Aquelas agressões à minha aparência acabavam comigo. Começamos a brigar direto. Quando eu respondia, discordando dele, ele saía batendo porta, gritando feito um louco. Ficava três dias sem falar comigo. Agia como um tirano. Não admitia ser contrariado.

Meus pais nem imaginavam o que se passava; eu escondia tudo deles. Pensava: "Todo casal briga, todo casal tem problemas. Nós vamos conseguir superar isso."

Ele fazia cada vez menos questão de ir à casa dos meus pais, de visitá-los. Não gostava que eu contasse nossos problemas para eles; dizia que questões do casal ficavam entre nós. Eu guardava tudo pra mim; sofri calada durante dois anos.

Vi a primeira mensagem estranha de mulher no celular dele numa ocasião em que precisei passar um recado dele para um amigo. Havia uma conversa com um tom esquisito. Muito íntimo, sabe?

Nunca fui de olhar celular, de invadir. Mas depois daquilo fiquei com o pé atrás. Peguei outras três trocas de mensagens. Perguntei quem era e ele disse que era uma amiga de infância. Depois foi uma garota do trabalho dele, que enviava textos carinhosos, dizendo que estava com saudade. Soube mais tarde que surgiu um rumor de que os dois foram vistos juntos, se beijando. Não consegui confirmar se era verdade. Depois desses episódios, ele começou a apagar as mensagens.

Num tempo em que as brigas se tornaram insuportáveis, marquei um encontro com minha mãe, para conversar. Precisava me abrir, contar o que estava se passando, me aconselhar. Mas eu só chorava. Ela se espantou ao saber como era nosso relacionamento.

Nossa família sempre foi muito unida, meus pais são grandes companheiros um do outro. Ele era empresário antes de se tornar pastor. Nós nos habituamos a compartilhar nossas vidas uns com os outros, mas desde que me casei esse ambiente foi rompido.

NAOMI, PUBLICITÁRIA, 28 ANOS, DIVORCIADA

Em algum momento, Jônatas tornara-se um déspota. Ausente emocionalmente. Eu dizia pra ele: "Você não demonstra mais carinho por mim, você não me elogia. Sinto falta disso." Ele respondia: "Você não merece. Você não se cuida. Você procrastina."

Fui desbotando, perdendo a luz, o brilho. Eu ia à nutricionista, ao endocrinologista, tinha *personnal trainer* três vezes por semana, e não conseguia emagrecer.

Nunca passou pela minha cabeça me separar dele. Ninguém na minha família é separado. Minha família é toda cristã e não existia a palavra "divórcio" no nosso vocabulário. O meu foi o primeiro.

█▌ █▌

Numa viagem a trabalho, para os Estados Unidos, não me deixou comprar dólar. Você pode usar o cartão de crédito da empresa, ele disse. Eu tinha trezentos dólares guardados; levei-os comigo. Foi durante essa viagem que algo diferente aconteceu.

Eu me senti valorizada profissionalmente. Recebi vários elogios, percebi minha autonomia de voo, fiquei dez dias sem ele e me senti muito bem.

Quando voltei, percebi que precisava virar aquele jogo. Entendi que nosso modelo de relacionamento estava todo errado. Não havia uma parceria, era só cobrança. ele mandava, eu obedecia. Não era para ser assim.

Minha mãe sugeriu que procurássemos ajuda profissional, uma terapeuta de casais. Ele se recusou a ir, ficou bravo e parou de falar comigo durante um mês porque me acusou de ter revelado a meus pais detalhes da nossa intimidade. Fui sozinha ver a psicóloga.

As sessões começaram a mexer comigo, a me fortalecer. Abri uma conta no banco, no meu nome. Eu não tinha nada no meu nome. Carro, conta, nada. Ele resolvia tudo.

Sabendo que as coisas andavam mal, meu pai chamou-o para conversar. Uma conversa como pastor. Leu para ele a passagem de Efésios 5, que fala que o homem deve amar a esposa como Cristo amou a Igreja e a esposa deve respeitar o marido. Meu pai lhe explicou que não era por acaso que o papel do marido vinha primeiro na passagem. É que o amor tem que vir primeiro. Sem amor, não se gera o ciclo do respeito. Se ele não demonstrasse amor, eu deixaria de respeitá-lo.

Jônatas ouviu tudo e respondeu: "Eu não concordo. Ela também tem que me amar. E ela sabe o quanto é importante se cuidar, fisicamente, mas ela só engorda."

Meu pai ouviu e, quando voltou para casa, admitiu para nós que sentiu vontade de bater nele. Como alguém podia ser tão raso? Quando percebeu a gravidade da situação, me aconselhou: "Sei que você está tentando fazer seu casamento dar certo. Mas, se não der, você não precisa ficar presa nesse relacionamento. Você é livre para sair dele e para recomeçar."

Ouvir aquilo do meu pai, um pastor, foi libertador. Pensei que ele fosse me aconselhar a continuar tentando. A orar mais pelo casamento, porque divórcio não é de Deus.

"Você não saiu da minha casa para ser tratada desse jeito. Como pôde segurar calada esse tipo de relação durante dois anos sem pedir ajuda?" O apoio da minha família me sustentou naquela fase terrível. A terapia também. Eu aprendi ali que relacionamento abusivo não é só apanhar, mas é agressão verbal, assédio moral, excesso de controle.

NAOMI, PUBLICITÁRIA, 28 ANOS, DIVORCIADA

Ele fez algumas tentativas para melhorar, mas nada que ajudasse de verdade. Nunca imaginou que eu tivesse coragem de me separar dele. Nunca.

14
REBECA,
28 ANOS,
ADMINISTRADORA,
NOIVA

Rebecca: Você sabe como é? Lá fora?

June: Bem, é como as coisas eram antes de Gileade.

Rebecca: Não me lembro de como era antes.

June: Você será livre. Você pode usar a roupa que quiser. Ninguém vai te castigar por ler, ou dizer a você como deve pensar, ou a quem amar, ou em que acreditar. E você não vai precisar ser mãe ou esposa se não quiser ser.

Rebecca: Mas, então, o que eu seria?

June: Você.

Rebecca: Mas Deus vai me amar mesmo assim?

June: Sim.[1]

O apartamento que compramos ficaria pronto em dois meses e queríamos nos casar logo. Mas a pandemia afetou nossos planos. Tivemos que esperar.

Nossa igreja só considera o casamento a partir do registro civil e de uma bênção do pastor, que não precisa necessariamente ser na igreja. Eles dizem que a gente precisa estar casado pela lei de Deus e também pela dos homens. O registro em cartório é uma prerrogativa para que a igreja abençoe o casal.

Outra norma é só fazer o casamento quando os dois forem membros da igreja e batizados, ou então se os dois

---

[1] Diálogo tirado da série "The Handmaid's Tale". Baseada no romance de Margaret Atwood, *O conto da Aia*, trata-se de uma distopia sobre a República de Gileade, um governo totalitário no qual as mulheres são subjugadas e, por lei, não têm permissão para trabalhar, possuir propriedades, controlar dinheiro ou até mesmo ler.

REBECA, 28 ANOS, ADMINISTRADORA, NOIVA

não forem membros. Eles dizem que é para evitar o "jugo desigual".[2] Jugo é aquela madeira colocada em cima do pescoço dos bois, para que possam levar uma carga juntos. Quando um boi é muito diferente do outro, um deles sempre vai ficar sobrecarregado. A ideia é essa.

Além disso, a igreja nos orienta a frequentar um cursinho para noivos, que acontece normalmente num domingo e toma o dia todo. Sem muita vontade, nós nos matriculamos no curso. Minha mãe também é adventista e insistiu que o fizéssemos. Naquele domingo, éramos doze casais jovens reunidos na igreja, vindos de várias cidades.

Estava um pouco temerosa, pois conhecia o pastor que daria as aulas; sabia que era um homem conservador. Ando numa fase meio "sangue no olho" com algumas coisas que me incomodam na instituição. Em particular, as que são ligadas às questões femininas. Creio que muitas passagens bíblicas a respeito das mulheres são mal interpretadas. Minha igreja não permite que usemos joias, por exemplo, e por muito tempo eu usei correntinhas escondidas no pescoço: não postava foto com brincos ou colares.

Os relatos bíblicos mostram, eles nos ensinam que, todas as vezes que Deus convocava o povo a se arrepender dos maus caminhos e a deixar a idolatria, uma das coisas que eles faziam era tirar todos os adereços e enfeites. Eles se desfaziam desses símbolos de vaidade.

Furei a orelha para usar brincos quando fiz 18 anos — foi um grito de liberdade. Nunca me convenci de que

---

[2] 2Coríntios 6:14: "Não vos ponhais em jugo desigual com os incrédulos; porquanto que sociedade pode haver entre a justiça e a iniquidade? Ou que comunhão, da luz com as trevas?" (ARA).

usar brincos fosse pecado. E notava que a maioria das proibições dizia respeito à aparência feminina. São miudezas que acabam afastando as pessoas do que é mais importante.

Pensei se valeria mesmo a pena atender a todos esses requisitos, mas minha mãe insistiu. Meu noivo compartilhava meus sentimentos, minhas dúvidas, e fomos para o curso com o pé atrás, sabendo que possivelmente ouviríamos coisas ultrapassadas. Não imaginava, contudo, que escutaria absurdos que beiravam a incitação ao crime.

No começo, achei que as tolices que o pastor falava vinham da cabeça dele: conceitos machistas próprios de uma geração mais velha. O problema é que todo o conteúdo do curso de noivos está num manual editado em 2019, ou seja, é recente.

Os valores, a linguagem, tudo era muito defasado. Eram lições deste tipo:

"Como deixar seu futuro marido mais feliz.

Receba-o com carinho. Você é a rainha do lar. Nada de problemas e dificuldades. Este não é o momento. Depois de um dia de trabalho, é muito bom voltar para casa e ser recebido com carinho pela esposa e pelos filhos.

Há um tempo certo para os problemas. Não despeje todos os problemas que estão em sua cabeça quando ele chega em casa cansado do trabalho. As maiores discussões tendem a acontecer neste momento inoportuno.

Saiba pedir. Não imponha, homem detesta ser mandado. Mesmo que mandando, não permita que ele perceba. Peça com jeitinho e ele corresponderá.

REBECA, 28 ANOS, ADMINISTRADORA, NOIVA

Mostre interesse. Ligue para ele no trabalho. Faça uma surpresa lavando o seu carro. Seja imprevisível sem ser pegajosa.

Não entre na caverna. O homem é um ser da caverna. Quando ele chegar em casa e entrar na caverna dele, deixe-o em paz. Provavelmente tem algum problema para o qual busca solução e quer ficar sozinho. Depois de um tempo sairá de lá como se nada tivesse acontecido. Mas, se você o interromper, não vai ser legal."

Acredita? Mas, calma, tem muito mais. Para os homens que desejam fazer suas esposas mais felizes, havia estas dicas, entre outras:

"Seja romântico, abrace-a, diga palavras carinhosas, não só nas horas íntimas. Lembre-se: romantismo nem sempre tem que acabar em sexo.

Evite ser negativo. Fale somente coisas boas. Procure ver o lado positivo. A comida bem-preparada, o trabalho bem-executado. Em tudo você poderá encontrar um motivo para valorizá-la.

Seja cooperativo. Ajude sua esposa nas tarefas do lar. Encare isso como um **investimento** [destaque da autora]. Ele voltará em troca de gratidão, paz, carinhos e valorização."

"Pense mais na casa. O lar é uma extensão da personalidade da mulher. Converse mais sobre o lar e os filhos. Ajude-a nas atividades domésticas. Você não deixará de ser homem por isso."

Eu me sentia indignada, mas olhava ao redor e via as meninas de 20, 21 anos tomando notas, concordando com tudo. Nenhum questionamento. A imagem que passava era sempre a mesma: a mulher dona de casa, que não trabalha fora, espera o dono do castelo chegar. O "ser da caverna" precisa de descanso, portanto, mime-o bastante e não o incomode levando a ele questões menores do seu dia a dia.

No caso do homem, ele deve "ajudar" a esposa, como se a responsabilidade pelas tarefas domésticas fosse somente dela. A valorização da mulher vem pela comida que ela faz bem, pela administração da casa. Isso tudo em 2020! Inacreditável. E o pastor ainda propôs que levássemos o manual para casa para debatê-lo.

As dicas para as mulheres na área da sexualidade traziam algumas pérolas. Alguns exemplos:

> "Os homens têm um impulso sexual muito forte, eles gostam de fazer sexo.
>
> Procure atender às necessidades sexuais de seu marido, ele vai precisar de você.
>
> O homem fica frustrado e muitas vezes até com raiva quando a mulher se recusa a fazer sexo. Se você quer ter seu marido emocionalmente ligado a você, faça sexo regularmente com ele.
>
> Um homem fica nervoso e muito irritado quando fica muitos dias sem fazer sexo. Quer ter um homem calmo, sereno e tranquilo a seu lado? Você saberá o que fazer.
>
> Um homem sexualmente satisfeito em casa não procura sexo fora de casa. A não ser que seja um pervertido sexual.
>
> Seja carinhosa. O homem é como uma criança crescida. Todos eles se derretem com os carinhos de sua mulher. Faça cafuné — mas esteja preparada, pois ele a levará para a cama."

REBECA, 28 ANOS, ADMINISTRADORA, NOIVA

Note, a mensagem para as mulheres é: a responsabilidade de manter a "fera" sempre calma é sua, dando-lhe sexo sempre que ele quiser ou "precisar". Do contrário, ele pode traí-la e, nesse caso, a culpa será sua.

Há também dicas para os homens na área da sexualidade. Destaco algumas:

> "Nunca esqueça que mulher é emoção. Trate bem sua esposa e ela estará disponível para o sexo.
>
> Quer ter uma esposa predisposta ao sexo? Cuide bem dela. Ande com ela e ao lado dela. Ajude-a nas tarefas da casa, alivie seus fardos. Sobretudo se ela trabalha fora de casa. Cuide de seus filhos. Escute-a com amor. Interesse-se por ela e pelas coisas dela.
>
> Se você só pensar em sexo, provavelmente não terá sua mulher. Mas, se pensar nela, terá não somente ela, mas também todo o sexo que você tanto quer.
>
> Um homem pode se cansar desse negócio de constantemente ter de paparicar sua esposa. É verdade. Mas vale a pena. Pense nela, em sua felicidade, em seu bem-estar, e você receberá dela o que precisa."

Fica implícito que o objetivo final de tratar bem a esposa, cuidar dela com carinho e ouvi-la é apenas um: poder ir para a cama com ela. Tudo se resume a esse prêmio.

Enquanto o pastor falava esses absurdos, eu me mexia na cadeira, meu noivo também, mas os outros casais não demonstravam nenhuma reação. Parecia que era tudo natural.

É inaceitável você ouvir um homem de Deus, uma autoridade dentro da igreja, preparar jovens para o casamento desse jeito. Ele apresenta o homem como um ser movido a sexo e ensina as mulheres que é válido usar esse "instrumento" para manipular seus maridos. Essas meninas estão aprendendo a enxergar o sexo como uma obrigação conjugal, um dever, e podem nunca saber o que é o prazer no relacionamento íntimo. Por que o pastor não leu o Cântico dos Cânticos para dar esse curso? Por que não tirou exemplos dali? No livro você vê uma mulher que sente desejo e demonstra isso eroticamente para seu marido.

Veja bem, o manual não é totalmente execrável; há vários ensinamentos positivos, que incentivam o diálogo, o hábito da oração a dois, o perdão, o evitar palavras agressivas e a vingança. Mas, no aspecto da sexualidade, muitos pontos estimulam o abuso, o assédio, a violência. É como legitimar um tipo de comportamento que já causa muitos dramas sociais.

Muitas dessas moças têm somente a igreja como lugar de aprendizado, leitura e instrução. A igreja é um lugar de formação para muitos brasileiros.

Num país com tanta violência contra a mulher, a igreja não percebe que pode estar contribuindo com ela? Que não está sendo luz nem sal? Que se danem os oprimidos e os injustiçados. A instituição prega que nós cristãos devemos nos "retirar do mundo", não podemos ser influenciados pelo mundo, e ao mesmo tempo reforça esses comportamentos violentos.

Meu casamento vai buscar uma equidade: é isso que nós dois prezamos. Que cada um seja pleno naquilo que deseja fazer, no exercício dos dons e talentos, que haja equilíbrio na divisão das tarefas domésticas. Se tivermos filhos, eu não sou mais responsável pela formação do meu filho do

REBECA, 28 ANOS, ADMINISTRADORA, NOIVA

que o pai dele o é. Simples assim. Infelizmente, não aprendi esses valores na igreja.

Minha mãe tem um péssimo casamento. Ela nos criou na igreja, mas meu pai nunca a acompanhou. Ela foi traída, sofreu violência, passou por maus momentos, mas não se separa dele. Desde que me entendo por gente eu peço para ela se divorciar, deixar essa relação que a diminui como pessoa. Lá se vão 33 anos juntos.

São muitas as marcas que ficam, e tudo o que eu não quero na vida é ter um casamento como o dos meus pais. Eles não têm um objetivo de vida parecido; só vivem juntos porque convém. Não tenho na minha família nenhum exemplo de um casamento para o qual eu olhe e diga: "Esse casamento me inspira, quero isso para mim."

Será tão audacioso da nossa parte querer viver um tipo de relação mais igualitária? É pecado? Entendo que a instituição do casamento foi dada antes do pecado original, e que homem e mulher foram criados os dois à imagem e semelhança de Deus — o ideal era que eles fossem unidos, um pelo outro, que cuidassem um do outro, que fossem como uma só pessoa, sem hierarquia. A submissão da mulher só é mencionada depois da queda.

Não, essas experiências não abalaram minha fé. Tive um período nebuloso, de questionamentos, e senti sede, queria beber da fonte. A fonte é Cristo. Formamos um grupo de jovens mulheres com esse mesmo sentimento, esse incômodo; mulheres que não sabem dar nome a esses desconfortos, mas que querem estudar mais a Bíblia. Eu me decepcionei com a igreja, mas acredito que me aproximei ainda mais de Deus.

Em tudo eu o busco, na sinceridade de tudo o que eu faço, sem separar o que é vida amorosa, profissional ou espiritual. Tudo é espiritual. A maneira como me dedico ao trabalho, como lido com meu noivo, tudo para mim faz parte da minha espiritualidade. Nunca duvidei do amor e dos propósitos de Deus; sei que ele tem uma lógica diferente dessa que me ensinaram.

Por que não sair? Precisamos ser resistência interna, promover mudanças de dentro para fora. Quem sabe assim as pessoas que se afastaram possam voltar e valorizar o que a igreja tem de bom. Todas as vezes em que considero desistir, penso: quem sabe a minha vida pode fazer diferença.

Lembro-me daquela série "The Handmaid's Tale". Num mundo opressivo como o de Gileade, foi impressionante ver a revolução sendo feita a partir do enfrentamento, usando as estratégias certas. A gente tem esse espírito da June, a personagem principal da história.

Tem um episódio em que ela consegue libertar as crianças, e de repente começam a aparecer outras mulheres para ajudar, todas elas morrendo de medo, inseguras. A gente se sente assim no nosso grupo. Nós queremos ajudar a mudar essa cultura. É difícil e seremos atacadas. Mas nada se compara a conseguir evitar que uma jovem como nós entre num casamento ruim, que pode aprisioná-la para sempre.

QUEBRANDO O SILÊNCIO

Como fruto de sua indignação com o material utilizado no curso para noivos, a jovem Rebeca gravou e postou no Instagram um vídeo de 17 minutos, no qual expõe o conteúdo das aulas, destacando os pontos mais controversos. Num tom respeitoso, porém inconformado, ela relata o desconforto que sentiu ao lado do seu noivo

REBECA, 28 ANOS, ADMINISTRADORA, NOIVA

diante da fala do pastor e da passividade do restante da audiência.

O vídeo foi postado em julho de 2020 e em 24 horas teve mais de 50 mil visualizações. Em sete meses, somava 133 mil *views*, além de 2.500 comentários. Antes dele, seus *posts* tinham no máximo 120 *likes*.

Como resultado da iniciativa corajosa de Rebeca, a Igreja Adventista do Sétimo Dia emitiu uma nota em seu site, informando que iria "reavaliar a redação de partes de um de seus guias para noivos". "No entanto", seguiu a nota, "é importante salientar que, por se tratar de um manual completo, qualquer referência a trechos isolados pode gerar interpretações equivocadas".

A igreja observou ainda, no comunicado, que mantém um projeto de combate à violência doméstica — o Quebrando o Silêncio —, reafirmando seu "compromisso em proteger e cuidar da vida".

15
VENHA O TEU REINO

Quando a religião transforma homens em assassinos,
Deus chora.

RABINO JONATHAN SACKS[1]

"Nos evangelhos, Jesus se ira e é agressivo contra os fariseus legalistas e hipócritas, e também contra os vendilhões do templo, pois extraíam lucro por meio da exploração da fé e da credulidade das pessoas. Jesus parece também se irar contra todos que questionam sua atitude compassiva e sua disposição de ser tolerante para com aqueles que seriam considerados excluídos na sociedade em que vivia. Se observarmos as características daqueles que, nos evangelhos, são o alvo da ira e da agressividade de Jesus, percebemos que são, invariavelmente, aqueles que adotavam posturas e atitudes religiosas semelhantes às posturas e atitudes adotadas hoje pelos fundamentalistas."

RICARDO QUADROS GOUVÊA[2]

A maneira como trata seus membros mais vulneráveis revela o caráter de uma igreja. Na Bíblia, os pobres, os exilados, as viúvas e os órfãos constituem, segundo o filósofo americano Nicholas Wolterstorff, o "quarteto da

---

[1]Jonathan Sacks, *Not in God's name:* Confronting religious violence. Hodder & Stoughton Ltd. E-book Kindle.
[2]Ricardo Quadros Gouvêa, *A piedade pervertida:* um manifesto antifundamentalista. *Em nome de uma teologia da transformação.* Editora Grapho, 2006, p. 35.

VENHA O TEU REINO

vulnerabilidade"[3]. Penso que não seria exagero incluir na classe das viúvas as mulheres invisíveis, vítimas de violência doméstica, que clamam por socorro, sem ter quem as escute.

O pastor compassivo deve se identificar com essas mulheres, pois o Deus da Bíblia e sua face humana, Jesus Cristo, se identificam.

> "O Rei dirá aos que estiverem à sua direita: 'Entrem, vocês que são abençoados por meu Pai! Tomem posse do que está reservado para vocês no Reino desde a fundação do mundo. E esta é a razão: eu estava com fome, e vocês me alimentaram; eu estava com sede, e vocês me deram de beber; eu estava sem casa, e vocês me deram um quarto; eu estava com frio, e vocês me deram agasalho; eu estava doente, e vocês me visitaram; eu estava preso, e vocês vieram me ver'. "Então, as 'ovelhas' vão dizer: 'Mestre, do que estás falando? Quando foi que te vimos com fome e te alimentamos, sedento e te demos de beber? E quando foi que te vimos doente ou preso e fomos te visitar?'. O Rei dirá: 'Afirmo esta verdade solene: toda vez que vocês fizeram essas coisas a algum marginalizado ou excluído, aquele era eu — estavam ajudando a mim.'"[4]

Se a lei de Deus nos encoraja a cuidar dos desprotegidos como se eles fossem o próprio Cristo, a lei dos

---

[3]Expressão citada por Timothy Keller em seu livro *Justiça generosa: a graça de Deus e a justiça social*. E-book Kindle.
[4]Mateus 25:35-40, *Bíblia A Mensagem*.

homens não deixa por menos: a violência doméstica contra a mulher é crime e deve ser denunciada às autoridades competentes. A irmã da igreja que convive com um marido violento precisa ser alertada sobre os riscos que ela corre e orientada a procurar um órgão público de denúncia e proteção; o homem deve ser repreendido e, se necessário, afastado do convívio familiar.

É inadmissível que um pastor ainda responda a essas situações de risco com versículos sobre o dever da mulher de se submeter ao marido. O versículo que ele deve ter em mente é apenas um:

> "Toda vez que vocês fizeram essas coisas a algum marginalizado ou excluído, aquele era eu — estavam ajudando a mim."

O teólogo e pastor Timothy Keller, fundador do ministério Redeemer City to City e da Redeemer Presbyterian Church, de Nova York, avalia que a negligência com relação a esses grupos não representa apenas falta de misericórdia ou caridade, mas violação da justiça.[5]

A palavra "justiça", do hebraico *mishpat*, ocorre mais de duzentas vezes no Antigo Testamento, segundo Tim Keller, e seu significado mais completo é o de dar às pessoas o mesmo tratamento: absolver ou punir cada uma independentemente de raça ou posição social. Além disso, a *mishpat* oferece a cada indivíduo aquilo que lhe é devido, o que, dependendo do caso, pode ser

---

[5]Timothy Keller, *Justiça generosa:* a graça de Deus e a justiça social. Editora Vida Nova, 2013. E-book Kindle.

VENHA O TEU REINO

julgamento e punição ou proteção e cuidado. Segundo Keller: "Deus ama e defende quem tem menos poder econômico e social, e devemos agir da mesma forma. É esse o significado de fazer justiça."[6]

A justiça é, em última instância, o grande alvo a ser perseguido: "Buscai, pois, em primeiro lugar o seu reino e a sua justiça."[7]

Agir dessa forma não exclui, obviamente, usar as armas espirituais, como a intercessão e os jejuns em favor da transformação do comportamento do agressor. A mudança de conduta, ou de mente, a "metanoia", faz parte da caminhada espiritual de todo cristão sincero. A conversão genuína ao evangelho da graça de Jesus tem, sim, poder para curar. A esposa deve orar intensamente para que o amor e a bondade de Deus alcancem e amansem o coração do companheiro. Isso é agradável aos olhos de Deus.

Mas ela pode fazer isso longe dele. Insistir em conviver sob o mesmo teto é arriscado e, em alguns casos, fatal.

∎∎ ∎∎

Buscar o Reino de Deus e a sua justiça é a mensagem central do evangelho e de todo o Novo Testamento: almejar esse governo universal caracterizado por justiça, paz e alegria.[8]

---

[6]Timothy Keller, *Justiça generosa:* a graça de Deus e a justiça social. Editora Vida Nova, 2013.
[7]Mateus 6:33.
[8]Romanos 14:17: "Pois o Reino de Deus não é comida nem bebida, mas justiça, paz e alegria no Espírito Santo."

Trata-se de uma "utopia", de uma sociedade ideal e harmônica pela qual todo discípulo de Jesus é desafiado a lutar. Como uma seguidora de Cristo, sou convocada a defender seus valores, sua ética, suas normas de conduta. Justiça, que pressupõe igualdade. Paz, que pressupõe uma atmosfera de respeito mútuo e não violência. Alegria, que remete à satisfação, aos relacionamentos fraternos, à música, à arte, a tudo que é belo.

Como fazer isso, na prática?

São inúmeras as estratégias para promover os atos de justiça e sinalizar esse Reino de igualdade e generosidade. A jovem Rebeca, por exemplo, promove esses valores quando expõe, respeitosamente, o ensino equivocado de um pastor, que coloca em risco a dignidade das jovens noivas de sua igreja.

O Instituto Avon pratica um ato de justiça quando investe em um aplicativo que facilita o acesso de mulheres agredidas aos órgãos públicos de acolhimento e proteção.

O Instituto Maria da Penha promove a justiça ao treinar voluntários para acolher, orientar mulheres feridas e promover debates para aumentar a conscientização sobre os problemas envolvendo a cultura da violência de gênero.

O pastor que aconselha a senhora da igreja a prestar queixa contra um marido violento, ao mesmo tempo que providencia para ela um lugar seguro onde morar e lhe fornece uma cesta básica para ter com que se manter, estará praticando um ato de justiça.

Além de promover a *mishpat*, uma marca da igreja de Cristo deve ser lutar pelo *shalom* de Deus.

VENHA O TEU REINO

Cada vez que fecho meus olhos para orar "venha o teu Reino, seja feita a tua vontade", eu anuncio esse governo místico — que, mais do que o sentido superficial de paz, fala de um estado de

> reconciliação completa e de total florescimento em cada dimensão — física, emocional, social e espiritual — porque os relacionamentos são corretos, perfeitos e repletos de alegria.[9]

Num mandato regido pelo *shalom*, toda forma de violência é rechaçada e combatida. Note quão importante é esse conceito. Na visão do rabino Jonathan Sacks, a disseminação da violência e da maldade foi a razão para que Deus se arrependesse de ter criado o ser humano — a passagem que Sacks considera "a mais triste de toda a Bíblia".

> Que a Bíblia se preocupa com a violência é evidente desde o início. O primeiro ato de adoração registrado, as ofertas trazidas por Caim e Abel, levaram diretamente ao primeiro assassinato. Assim, a conexão entre religião e violência é estabelecida desde o princípio. A razão que a Bíblia dá para o Dilúvio é que "a terra estava corrompida diante de Deus, a terra estava cheia de violência" (Gênesis 6:11). A violência não é um tema marginal em Gênesis. É central. Faz com

---

[9]Timothy Keller, *Justiça generosa:* a graça de Deus e a justiça social. Editora Vida Nova, 2013. E-book Kindle.

que Deus "se arrependa de ter criado o homem sobre a terra" (Gênesis 6:6).[10]

Portanto, combater a violência doméstica e criar instrumentos para que ela seja varrida de dentro da igreja é, efetivamente, trabalhar em prol do Reino da Paz, o reino do *shalom* de Deus.

Na jornada de construção desse ambiente de "plena reconciliação", vamos nos lembrar dos muitos talentos disponíveis na casa do Pai, prontos para ser acionados. Como disse Regina Célia Barbosa, do Instituto Maria da Penha:

"Temos PhDs em Física, em Química, temos assistentes sociais, defensores públicos, psicólogos. Temos zilhões de contadores, mas muitos membros estão se afundando em dívidas, sem poder contar com nenhuma orientação financeira. Vemos pessoas em dificuldades na justiça, e os advogados capacitados que frequentam a comunidade não são nem lembrados; vemos centenas de analfabetos funcionais, tendo tantos bons educadores. Essa é uma igreja que está enterrando seus talentos."

Vamos orar, mas, ao fim de cada oração, vamos abrir bem os olhos e, com a sabedoria do Espírito Santo, tentar pacificar as realidades miseráveis que nos cercam. Vamos ser instrumentos dessa paz. Usemos nossos dons generosamente distribuídos por Deus para promover justiça, paz e alegria. Nos relacionamentos conjugais, nas empresas, na sociedade.

---

[10]Jonathan Sacks, *Not in God's name:* Confronting religious violence. Hodder & Stoughton Ltd., 2017. E-book Kindle.

VENHA O TEU REINO

Nossa ética cristã não pode ser fundamentalista. O sábado foi feito para favorecer o homem, e não o contrário. Jesus quebrou as regras e escandalizou os fariseus, os grandes cumpridores da lei. Entre cumprir a lei e exaltar a dignidade humana, ele não vacilou. "Pois o filho do homem é senhor do sábado" (Mateus 12:8).

Questionado sobre qual era o mandamento mais importante, ele nos ensinou: tudo se resume a dois princípios: amar a Deus acima de todas as coisas, e ao próximo como a si mesmo. O amor é respeitoso, é protetor, o amor fica atento aos sinais de abuso e violação de direitos humanos. O amor constrói pontes de acesso ao coração.

O amor é incapaz de olhar outro ser humano como um subalterno, alguém criado para me servir, atender às minhas urgências sexuais, fazer todas as minhas vontades. O amor, ao contrário, se dispõe, voluntariamente, a servir sem ser, contudo, servil. O servo amado de Jesus é cheio de amor-próprio. Só assim ele consegue amar do jeito certo.

O masoquismo em que mergulham muitas mulheres agredidas por seus companheiros, as quais acreditam estar fazendo a vontade de Deus ao se submeterem a eles, nada tem a ver com amor. Se meu relacionamento com meu companheiro só se sustenta por meio de uma postura servil e masoquista da minha parte, alguma coisa em mim precisa ser tratada.

O valor que Jesus me confere, atestado por seu sacrifício e morte, é o mesmo para todos — homens, mulheres, crianças, brancos, pretos, todas as tribos, raças, povos e nações. Judeus e gregos. Todos foram abraçados, todos foram abrigados sob as asas da galinha.[11]

Os fundamentalistas traem a mensagem de Jesus quando reduzem as mulheres a uma posição de subalternidade. Pensando defender a lei, pervertem o espírito da lei, que dignifica o ser humano.

Mas, em tempos de polarização e radicalismos, defender a dignidade feminina e levantar uma bandeira a favor da abertura das igrejas para o debate sobre a violência doméstica pode me jogar automaticamente numa cova cheia de leões defensores da sã doutrina.

Logo me vem à lembrança uma manhã quente de domingo em Teresina, capital do Piauí, onde eu apresentava, há alguns anos, em uma pequena igreja presbiteriana, os estudos que fiz a respeito da "complexa relação da igreja com a homossexualidade" e que se transformaram no livro *Entre a cruz e o arco-íris*, publicado em 2013 pela Editora Autêntica.

No final da exposição, ao abrir para perguntas da congregação, um senhor se levantou, no fundo do salão, e, de microfone na mão, começou a discursar e me acusar de defender a ideologia de gênero e de ter uma pauta ideológica de esquerda. Esbravejando, ele afirmou que eu era ligada ao Partido dos Trabalhadores e à "turma da Marina Silva", a ex-senadora da República que foi militante petista durante muitos anos e de quem tive a honra de escrever a biografia.

---

[11]Mateus 23:37: "Quantas vezes quis eu reunir os teus filhos, como a galinha ajunta os seus pintinhos debaixo das asas, e não o quisestes!" (ARA).

VENHA O TEU REINO

No palco, o coração batendo aceleradamente, eu ouvia tudo de forma atenta. O pastor da igreja que me convidara se aproximou de mim constrangido e, baixinho, perguntou se eu queria que ele interrompesse o discurso acusatório. "Não, pastor, deixe-o terminar. Eu mesma vou responder."

Já um tanto calejada por levar pedradas de extremistas evangélicos e também dos militantes LGBT, refutei, uma a uma, as afirmações daquele senhor. Disse, com calma, que ele mentia, ou por má-fé ou por desconhecimento. Nunca fui afiliada a nenhum partido político, não defendo a ideologia de gênero, não me considero uma pessoa de esquerda — de centro-esquerda, talvez. "Se o senhor tivesse lido meu livro, saberia disso, mas, pelo jeito, não leu e não gostou."

Concluí, sem perder a compostura, que era por causa de pessoas como ele, extremistas e agressivas, que a igreja de Cristo, cada vez mais, era envergonhada no Brasil.

A igreja aplaudiu.

Ao final das perguntas e do culto, algumas senhoras vieram me procurar. Elas me abraçaram e, com lágrimas nos olhos, me disseram: "Minha filha, obrigada por vir até aqui para falar sobre esse assunto. Meu filho é homossexual e foi expulso da igreja. Nunca posso conversar com ninguém sobre essa questão. Obrigada, filha, por se solidarizar conosco e nos confortar."

O afeto daquelas senhoras, de quem não guardei o nome, compensou as muitas críticas que recebi por causa do livro.

Carrego dentro de mim o calor daqueles abraços como uma dádiva. Consegui cumprir o meu propósito — usar o dom que recebi de Deus, o da escrita, para levar consolo aos abatidos de coração, os excluídos por uma religiosidade morta e que nada tem a ver com a mensagem de Cristo.

Se eu conseguir, com esta obra, que apenas um pastor reflita e, dessa forma, uma senhora de sua congregação seja poupada do desrespeito, da violência física ou psicológica, ou até mesmo do assassinato, minha meta terá sido atingida.

Como dizem os rabinos, quem salva uma vida salva o mundo inteiro.

AGRADECIMENTOS

Às mulheres que me confiaram suas histórias de vida, sem medo de expor fragilidades, fracassos e também de compartilhar as conquistas e superações.

Aos pastores, teólogos, psicólogos, amigos e parentes que contribuíram para fazer desta obra uma amostra mais plural e significativa da realidade nacional a respeito da violência contra mulheres evangélicas. Alguns, com sua sabedoria e *insights*, outros com leitura do manuscrito, indicação de personagens, de literatura, de pesquisas e até mesmo de filmes ou vídeos no YouTube.

Às minhas filhas maravilhosas, Marina e Luiza, pela vibração que demonstraram com este tema e por me ajudarem nas pesquisas e leitura de alguns capítulos.

A Sérgio Franco, pela disposição em compartilhar comigo sua sabedoria e bom senso.

Peço desculpas desde já pela eventual omissão de algum nome, amparada pelas muitas tempestades enfrentadas durante a pandemia do coronavírus, uma praga que assolou o planeta Terra no fim de 2019, e que alterou significativamente as demandas de trabalho desta jornalista, escritora, esposa e mãe.

Agradeço ainda a Deus por todos esses companheiros de jornada, sem os quais este trabalho não teria sido possível.

Em ordem alfabética, gostaria de registrar:

Abelardo Nogueira Jr.
Carlos Bregantim
Célia de Gouvêa Franco
Daniela Grelin
Dora Eli
Ed René Kivitz
Esther Carrenho
Fernando Barcellos
Gi Reikdal
Jessica Arruda
Karin Kepler Wondracek
Leandro Bachega
Luiz Sayão
Mauricio Zaggari
Moara Silva Vaz de Lima
Priscila Diacov
Ricardo Alexandre
Roseni Welmerink
Sidney Costa
Silvia Kivitz
Valéria Vilhena
Valdinei Ferreira
Villy Fomin
Zenon Lotufo

Este livro foi impresso pela Lis Gráfica para a
Thomas Nelson Brasil em 2021.
As fontes usados no miolo são Baskerville e Degular.
O papel do miolo é pólen soft 80g/m².